地域文化研究叢書・嶺南文化叢刊

嶺南人物與近代思潮

下冊

宋德華　著

目次

第三編
梁啟超與君主立憲思潮

1899~1903 年間梁啟超君主立憲思想的發展

　　君主立憲是晚清時期與民主共和相伴始終的一大政治思潮。其興起最早可追溯到早期改良派對西方議院制的鼓吹，其終結則至清朝被推翻而基本劃上了句號。在此思潮長期演變的過程中，梁啟超堪稱是一位十分重要的代表人物，他在各個歷史時期所闡釋的君主立憲思想足以構成晚清君主立憲思潮的主幹部分。

　　綜觀梁啟超對君主立憲思想的宣傳，大致可分為四個時期：（1）戊戌變法時期，通過粗淺的議院觀和民權論顯露出君主立憲思想的萌芽；（2）1899~1903年，以《清議報》和《新民叢報》上發表的一系列言詞相當激進的政論為代表，君主立憲思想得到全面迅速的發展；（3）1903~1907年，君主立憲主張退回保守的立場，並在與民主共和思想的大論戰中暴露出嚴重的弱點；（4）1907~1911年，君主立憲思想與立憲運動相結合，在理論上進一步成熟，在實踐上卻逐漸走向幻滅並被迫倒向民主共和。此處所論，即第二個時期梁啟超的君主立憲思想，這是梁啟超整個君主立憲思想演變進程中最有生氣亦最有感染力的時期。

　　在此之前的戊戌變法時期，梁啟超在大力宣揚維新變法的同時，曾撰寫過《古議院考》、《與嚴幼陵先生書》、《論君政民政相嬗之理》、《論中國積弱由於防弊》、《論湖南應辦之事》等，闡明他對議院制和民權的看法。他開始時將西方議院制與中國經史相比附，認為議

院中國古已有之，後經嚴復批評，改變了不正確的認識，並進而對議院與民權及君權的關係作了進一步的探析。他堅信由民權取代君權、民政取代君政是人類社會歷史發展的必然趨勢，但又指出民政不能躐等而行，在完全的君主制與完全的民主制之間，勢必存在一個「君民共主之世」。據此，他對君主制的弊端從若干方面進行了批判，但又主張在民智未開、紳智未開、官智亦未開的情況下，還有必要先借用君權以變法，逐漸實現興民權的目的。[1]議院觀、民權論、「君民共主」說等都與君主立憲思想有著密切聯繫，可視為君主立憲思想的萌芽。但嚴格說來，此時由於各種條件的制約，梁啟超對議院、民權等的認識程度還相當膚淺，宣傳力度還相當有限，「憲政」或「立憲」的觀念還很不明確，更不要說成為政治思想的中心之點，真正的君主立憲思想還沒有正式起步。

君主立憲開始成為梁啟超政治思想的聚焦點之一，並獲得長足的發展，是到了戊戌政變之後。之所以有此發展，與戊戌政變之後隨著生存環境的改換和時局的迅速變動，梁啟超的整個政治思想有了重要的更新進步是分不開的。

第一，東渡日本為梁啟超深入鑽研西學提供了一個十分良好的條件。對於自己原來的西學知識只有一知半解的水準，梁啟超是知道得很清楚的。所以一到日本，他就以如饑似渴的心情，尋求新的思想養料，通過「東學」的捷徑來鑽研西學，「廣搜日本書而讀之」[2]，廣泛閱讀了政治學、經濟學、哲學和社會學等方面的書籍，「疇昔所未見之籍，紛觸於目，疇昔所未窮之理，騰躍於腦。如幽室見日，枯腹得酒」[3]，「所得之益極多極多」[4]，「腦質為之改易，思想言論與前者若

1　參見上述梁啟超所撰各文，《飲冰室合集・文集》之一。
2　《夏威夷遊記》，《飲冰室合集・專集》之二十二，頁186。
3　《論學日本文之益》，《飲冰室合集・文集》之四，頁81。

出兩人」⁵。全面深入地鑽研西方及日本資產階級的社會政治學說，使得梁啟超在很大程度上突破了康有為思想體系的束縛，並在思想理論上超越了其師的水準。他站在新的高度總結了戊戌變法和自立軍「起兵勤王」均遭失敗的經驗教訓，把早先「開民智」的一貫思想擴充為系統的「新民」理論。在康有為為保皇活動的開展而奔走於美洲、南洋一帶之時，梁啟超卻在日本卓有成效地進行著系統的西學宣傳介紹和廣泛的思想啟蒙工作，大大偏離了「保皇」的正道。

　　第二，清朝政府日復一日的冥頑不靈，促使梁啟超在思想上日趨激進。逃亡海外之始，梁啟超等人就對以慈禧、榮祿為代表的反維新勢力的倒行逆施進行過口誅筆伐。隨後，「己亥建儲」、鎮壓自立軍起義、簽訂喪權辱國的《辛丑合約》等一系列事件的相繼發生，都一再激發了維新保皇派與後黨統治集團之間的矛盾。隨著胸中蓄積的忿恨越來越多，梁啟超在政治思想上幾乎走到了反滿革命的一端。他曾這樣描述道：「當時承團匪之後，政府創痍既復，故態旋萌，耳目所接，皆增憤慨，故報中論調，日趨激烈。壬寅秋間……專欲鼓吹革命。鄙人感情之昂，以彼時為最矣。」⁶儘管還只是情緒化色彩很濃厚的「憤慨」，亦足以推動梁啟超對中國未來政治的前途作更加深層的思考。

　　第三，新式知識分子群的出現和與革命派人士的交往，使梁啟超受到顯著的影響。1901年以後，伴隨著清末「新政」的推行，中國逐漸出現了一個不同於舊式文人的新式知識分子群，而上海、東京成為當時青年知識分子和留學生最為集中的兩個地方。東京是中國近代留學生以群體投身政治活動的搖籃。1901年，留日學生已達一千五百多

4　《與薏仙書》，丁文江、趙豐田編：《梁啟超年譜長編》，頁177。

5　《夏威夷遊記》，《飲冰室合集・專集》之二十二，頁186。

6　《蒞報界歡迎會演說辭》，《飲冰室合集・文集》之二十九，頁3。

人。[7]他們大多曾受過維新思想的影響,到異國之後更獲得迅速成長的自由天地。這些年輕人崇尚西方資產階級的思想理論和傑出人物,充滿愛國救民的澎湃激情,具有蓬勃旺盛的朝氣活力,在他們之中醞釀湧動著即將掀起的民主革命浪潮。在國內的新式學生當中,同樣鼓蕩著愛國救亡的熱潮。可以說,新式知識分子群在數量上的規模,覺悟上的迅進,能力上的擴展,都遠非梁啟超當年辦時務學堂、造就人才之時可以相比,這使他從其身上相當清楚地看到了他所理想的「新民」形象。與此同時,梁啟超還與革命派人士有過一段頗為融洽的友好關係。1899年,當康有為離日去美洲後,梁啟超與孫中山、陳少白等人「時相往返,頓形密切」,對孫中山的言論「異常傾倒,大有相見恨晚之慨」,還與孫中山擬訂「兩黨進行革命之計劃」,推孫為會長,梁為副。[8]後因康有為極力反對而告吹。與革命派的交往當然沒有使梁啟超變成革命黨,但革命黨的激進主張對其顯然不無重要的啟示激勵作用。

在以上多種因素的作用下,梁啟超便逐漸從其師康有為的思想體系的籠罩下解放出來,在政治思想的發展上不斷取得新的突破。他已「絕口不談偽經,亦不甚談改制」[9],並以為康有為當年「精思獨闢」的大同之說,「在泰西實已久為陳言」[10]。他以重新用「東學」和「西學」所浸潤過的新思想,針鋒相對地與康有為辯自由主義,辯保教之謬,辯反滿民族主義之必行,辯破壞之難免,等等,在思想理論的許多方面與其師劃出一道鮮明的界限。這樣,追隨著時勢而前進的梁啟超,於戊戌政變後就逐漸取代康有為而成為維新保皇派思想上的

7　馮自由:《革命逸史》第四集,頁99。
8　《康門十三太保與革命黨》,馮自由著:《革命逸史》第二集,頁28-29。
9　《清代學術概論》,《飲冰室合集‧專集》之三十四,頁63。
10　《與夫子大人書》,丁文江、趙豐田編:《梁啟超年譜長編》,頁286。

旗手，成為鮮明打出君主立憲的政治旗幟並予以積極闡釋的主要代言人。而且由於前面提到過的種種原因，這一時期梁啟超所論述的君主立憲思想，其對於封建主義調和妥協的一面得到了較大的限制，而資產階級民權主義的一面大為充實擴張，並表現出向革命民主主義的急劇擺動。這一時期既是梁啟超作為啟蒙思想宣傳家的最好時期，又是他作為君主立憲理論家的最好時期。

對於這一時期梁啟超富有創造性和鬥爭性的君主立憲思想，學界的研究雖已不像過去那樣一味加以片面的指責，但仍然不夠充分，有必要進行比較細緻的梳理和更為貼切的評價。按照筆者的概括，這一時期梁啟超君主立憲思想的發展主要表現在以下四個方面。

一 以專制政治或專制政體為主要目標，深入批判封建專制主義

君主立憲思想本質上是君主專制主義的對立物。早在戊戌維新時期，主張全面徹底變法並憧憬「大同之世」的維新派就對封建專制主義進行過廣泛的批判。當時更多地是從專制君主個人的「私天下」之心、暴虐無道、獨斷專行、殘賊民眾等著眼，旁及綱常禮教、思想文化鉗制等等，尚未能從專制制度本身的層面進行深刻的揭露。梁啟超繼承和發揚了戊戌時期的批判精神，使之達到一個新的高度，把對專制君主的批判變成了集中對專制政治的批判。

他第一次用資產階級的觀點比較全面系統地總結了中國數千年封建專制主義政治的歷史。在他看來，在中國數千年「濡滯不進」的歷史中，思想、風俗、文字、器物等都幾無進化之跡，惟獨「專制政治之進化，其精巧完滿，舉天下萬國，未有吾中國若者也。萬事不進，

而惟於專制政治進焉，國民之程度可想矣」[11]，明確指出了中國專制政治源遠流長、根深蒂固的特點，並模糊地將專制政治統治視為中國社會發展長期停滯不前的根本原因，這實際上也是梁啟超之所以要對此專制政治史進行清理剖析的緣由所在。梁啟超的清理剖析大致是從兩個方面展開的。

一方面，揭示中國專制政治是怎樣不斷「進化」並趨於「圓滿」的。他將此過程的完成歸納為三個前後相繼並具有內在邏輯聯繫的基本步驟：一是封建制度「由地方分權趨於中央集權」，妨礙中央集權的分封制、方鎮制被掃除殆盡。雖屢有分裂，但「有分裂則有力徵，有力徵則有兼併，兼併多一次，則專制權高一度，愈積愈進，至本朝乾隆時代而極矣」。二是「由寡人政治趨於一人政治」。秦代以前，中國歷朝存在「貴族政治」，但秦漢之後，貴族政治「早已絕跡」。最高統治權不是掌握在一個政治集團的手中，而是操在「自尊曰聖曰神」的君主一人手裏，君主高踞於一切人之上。三是君主專制的絕對化。君主為了完全控制最高權力，消除一切對於獨裁的妨礙，必然對所謂「權臣」盡行「摧滅之」。手段之一，是在數千年中，將樹立君主絕對權威的所謂「君臣許可權之理論」發展到了頂點，以其義作為「國民教育之中心點」，作為消人「梟雄跋扈之氣」、「摧陷」和「滅殺」人的任何獨立性的利器，從而大見成效，使人就範。手段之二，是君主出於「得而私」的目的，極力消除一切妨害和束縛無限之君權的因素，將一切中央政治權力機關改造成為君主得以「任意以授其所私昵」的私人辦事處，將一切可能握有重權、具有尊嚴的職位或臣屬變為君主可以頤指氣使的「狎弄者」或權利盡剝的「閒曹」，使重臣亦不過變為「留聲機器與寫字機器」。這些歸納雖然還很粗糙，並多半

---

11 《中國專制政治進化史論》，《飲冰室合集‧文集》之九，頁59-60。

著眼於現象，但就大的脈絡而言，是把握得相當準確的。

　　另一方面，從世界史的角度，將中國與歐洲和日本進行對比，探討中西政治史演化的不同特點，尋找中國專制政府何以久盛不衰的原因。從特點來看，意義較著的是指出這樣兩點：首先，歐洲的封建統治時間短，較快由君主專制變為君主立憲和民主共和政體，而中國君主專制既出現最早，又「其運獨長」，封建社會長期延續；其次，歐洲的家族宗法制早已不存在，而中國的家族宗法制則在數千年中與封建君主專制「並行」。這兩點實際上是提出了兩個值得深入研究的重大課題。從原因來看，一是歐洲國家有貴族民主政治的歷史傳統，對君主專制起著限制和破壞作用，在一定歷史條件下，便向「平民政治」轉化，而中國只有專制的傳統，沒有民主的傳統。二是在階級關係上，西方國家作為統治階級的貴族和作為被統治階級的平民之間，「權利義務，皆相去懸絕」，不自由不平等達到極點，故容易生出「反動力」，渴求平等與自由。而中國在「民」與「官」之間則通過科舉、鬻爵等可以互相轉化，人們往往把將自己變成壓迫者作為擺脫不平等地位的出路；此外，政府對民眾的個人生活處境、行為、生死並不直接發生關係，「民」與政府之間形不成嚴重的對立，即「彼有形之專制，而此無形之專制」，「彼直接之專制，而此間接之專制」，這是中國專制政體進化到極點的結果。三是歐洲在封建之世中有自治、獨立的城市和起而保衛自身權利的市民，日本有「常享特別之權利，帶貴族之資格」的藩士，在滅封建、興民權中均起了重要作用，而中國「數千年來曾無有士民參與政治之事」，「人民復無自治力以團之理之」，民權不興固然由於「為專制所壓抑」，而「專制之所以得行，亦由於民權之不立」。[12]此點從某個側面反映了中國沒有從封建社

---

12 以上兩段引文均見《中國專制政治進化史論》，《飲冰室合集・文集》之九。

會的母體中成長出新興階級力量的事實。

在梁啟超的中西比較中，同樣存在著粗疏、停留於現象分析的問題，甚且還帶有較大的偏頗，例如他完全未談中國農民階級遭受專制壓迫奴役的狀況和他們舉行的連綿不斷的反抗鬥爭。不過，無論是他在政體問題上對中西比較方法的運用，還是通過比較而得出的若干結論，在當時都稱得上是創造性的、富有見地的。

依據對專制政治歷史的考察，梁啟超認識到封建統治的「總根源」並不在君主個人，而是在專制政體。他臚列數千年中「君統」由於遭遇貴族專政、女主擅權、嫡庶爭位、統絕擁立、宗藩移國、權臣篡弒、軍人跋扈、外戚橫姿、僉壬朘削、宦寺盜柄等十大「惡現象」而「屢經衰亂滅絕」的史實，探討了君主專制在不同朝代所表現出來的不同的具體形式；歷舉君主本身及其家族子孫遭受殺戮、幽廢等種種慘禍，說明君主個人亦難免不受專制政體之「毒害」，成為專制政體的犧牲品。因此，原來指向專制君主的矛頭便進而指向專制政體：「專制政體者，實數千年來破家亡國之總根源也」，歷史上「種種罪惡」、「吾中國數千年膿血之歷史」，「無一事焉而非專制政體貽之毒也」。[13]梁啟超把君主個人與專制政體區別開來，比起原來局限於批判「民賊」、「大盜」、「暴君」來說，認識上跨進了一大步，由此必然進一步導致得出這樣的結論：專制統治並不是個別人物的罪孽，而是制度使然；反封建的關鍵並不在於去掉君主，而在於去掉專制政體。這些認識在中國政治思想史上是有重要意義的。聯繫民國之後君主雖除、專制猶在的史實來看，梁啟超所作的這種區別更顯示出歷史的遠見性。

可是，梁啟超在對君主與專制政體做出區分之時，卻企圖將兩者

---

13 《論專制政體有百害於君主而無一利》，《飲冰室合集‧文集》之九，頁95。

截然分割開來：「專制政體為一物，君主為一物，兩者性質不同，範圍不同，夫烏得而混之。」[14]他把中國歷史上的君主僅僅看成是在賢愚強弱、安危榮辱等方面各不相同的個人，而完全忽視了君主在本質上都是整個封建統治階級和專制政體的最高代表；他用個人身家的不幸來描述君主的存亡絕續，未看到君主個人的悲劇其實體現了統治階級內部爭權奪利的鬥爭。因此，他進而將專制政體下君主也可能遭致的屈抑苦痛與廣大民眾所受的壓迫奴役混為一談，得出了「專制政體之毒，其害民者一，而害君主者常二」的似是而非的結論；又將中國的君主與歐洲、日本經歷了資產階級政治變革之後的君主混為一談，將非常渺茫的可能性當做現實性大肆渲染。總之，他把君主視做了簡單的、孤立的個人，而割裂了君主與其所處的社會環境、所代表的封建統治階級和專制政體的整體聯繫。

　　事實上，不論君主個人的身世、命運如何千差萬別，在中國，君主的名號總是最高權力的象徵，是封建朝廷和專制政體的主要代表者。消滅專制政體固然不可簡單地歸結為取消君主，但如果不取消君主，中國的專制政體要歸於消滅的確又是難以想像的。梁啟超既迫切希望改變專制政體，但又不願主張根本廢除君主制度，表現了一種非常矛盾的心理。他一片誠心地向君主陳述「專制政體有百害於君主而無一利」的利害關係，宣揚英、德、日諸國之君由於放棄專制而獲「億萬年有道之長」的好處，勸告君主和「君主之私人」「自愛」、擇善而從[15]，充分反映了仍然指望統治者自上而下進行資產階級政治改革的改良派立場和他所代表的那個階級的軟弱性的一面。

---

14 同上書，頁100。

15 《論專制政體有百害於君主而無一利》，《飲冰室合集・文集》之九，頁100-101。

二 以民權主義為核心，初步闡明君主立憲政治的基本原則

在戊戌變法時期，康梁等維新派已經開始了「興民權」的宣傳，並已言及「憲法」、「三權鼎立」等觀念，但都還只是「微昌其緒」，有的甚至還只是隻言片語。梁啟超在戊戌政變後論述君主立憲思想時，緊緊抓住「民權」這一點不放，非常明確地將其作為君主立憲的核心，正如他在為《清議報》出版一百冊所寫的祝辭中所說：「……倡民權，始終抱定此義，為獨一無二之宗旨。……百變而不離其宗，海可枯，石可爛，此義不普及於我國，吾黨弗措也。」[16]

梁啟超把「主權在民」作為君主立憲政治最重要的原則，在三篇「學案」（即《霍布士學案》、《斯片挪莎學案》、《盧梭學案》）中，他通過介紹以民約論為主的西方政治學理，清楚地闡明了這一原則。首先，民之主權表現為對國權的所有，「凡邦國皆借眾人之自由權而建設者也，故其權惟當屬之眾人……質而言之，則主權者，邦國之所有，邦國者，眾人之所有」，主權在外則表現為「眾人共同制定之法律」。其次，民之主權「不可讓與」，「主權者，惟國民獨掌之」。一不可讓與專制之「君」，如有專制之君，「則主權立即消亡」。[17]批評霍布斯（霍布士）既倡民約，又主張將行使眾人意志之權托之君主，使君主得「無限之權」，是前後矛盾的「紕繆之言」和企圖「媚其主」的「民賊之僻論」。[18]二不可讓與「國」，不同意盧梭「以邦國為全體，以各人為肢節」的觀點，認為這樣勢必會使「人民為國家之附庸」，

---

16 《清議報一百冊祝辭並論報館之責任及本館之經歷》，《飲冰室合集・文集》之六，頁54。

17 《盧梭學案》，《飲冰室合集・文集》之六，頁104、108、105。

18 《霍布士學案》，《飲冰室合集・文集》之六，頁94-95。

「殆非盧氏之真意」。三不可讓與「政府」,「若政府則不過承國民之命以行其意欲之委員耳。⋯⋯質言之,則國民者主人也,而官吏者其所傭之工人而執其役者也」。[19]最後,民之主權不可分割。「主權者,合於一而不可分者也。一國之制度,雖有立法行法之別⋯⋯然主權當常在於國民中而無分離。⋯⋯使常在全國人之掌握也。是故主權之用可分,而主權之體不可分」,又具體表現在立法權屬於國民不可分割,而政體即施法權則有「君主政體少數政體民主政體之分」。[20]在評價亞里斯多德的六種政體分類法時,梁啟超還進一步指出,政體惟有民主為「正」,其餘皆為不正,原因就是:「國者民之結集體也。民之在國,猶血輪之在身也,血輪有一窒塞,其全身為之不寧。故主權之當在民。」[21]

在「主權在民」原則中,梁啟超實際上談到了國體問題,即人民在國家中的地位問題,又談到了從屬於國體的政體問題,只是還不能將兩者區分得很明確。

「主權在民」原則是成熟的資產階級政治原則,因而梁啟超能據此自覺地與中國傳統的開明政治思想觀念劃清界限。他撰寫了《堯舜為中國中央君權濫觴考》一文,反省了過去稱道「堯舜禪讓」為中國古代民主制度,與近世民權、大同思想混為一談的錯誤觀念,明確指出:一方面,今日民主制度是「天下之公理」,不必以古人曾行與否為輕重,「故堯舜禪讓之事,實與今日之新主義無甚影響」,從思想依據上割斷了近代民主觀點與中國傳統「禪讓」觀的聯繫;另一方面,「即使堯舜果有禪讓,則其事亦與今日民主政體絕異。何則?民主國者,其主權在國民,其舉某人為民主,由於全國人之同意,絕非君主

19 《盧梭學案》,《飲冰室合集・文集》之六,頁103、108。

20 同上書,頁105。

21 《亞里斯多德之政治學說》,《飲冰室合集・文集》之六,頁73。

所得而禪讓也。禪讓者私相授受之意也」，堯舜不過是中央集權的濫
觴，而不是民主的起點，稱堯舜為民主其實是「厚誣古人」[22]，從政
治內容上嚴劃了近代民主制與古代禪讓制的界限。中國中央君權究竟
是否濫觴於堯舜，當然是可以進一步討論的學術問題。梁啟超提出這
點的意義並不在於學術上的創見，而在於思想上的從依附走向獨立。
在《論政府與人民之許可權》一文中，梁啟超則將資產階級民權思想
與中國傳統的「仁政」思想作了區別，指出中國先哲之仁政雖必言
「保民」、「教民」，而終不能禁二千年來暴君賊臣之繼出踵起、魚肉
人民，其根本原因就在於「治人者有權，而治於人者無權」；仁政思
想昔不能行，今不必行，人民無須再將命運寄託於千載不一遇的「聖
君賢相」而應求「自養自治之道」，將主權操在自己手中。[23]這些區
分，從思想上反映了中國資產階級日益增長的獨立性和權力要求。[24]

　　如果說，梁啟超的「主權在民」說還只是著重從學理上一般地、
抽象地闡明了資產階級憲政的原則，那麼，他聯繫國家、憲法、議會
等問題對憲政原則所作的論述則要具體得多了。

　　梁啟超針對中國數千年沿襲下來的以家為國的封建王朝舊觀念，
明確提出了以民為國的資產階級新觀念。指出，從歷史上看，數千年
中「國」字都只與「家」字聯繫在一起，「以國為一家私產之稱也」，
「國」不過是「家」的演化和擴大。從現實來看，今日「民不知有
國，國不知有民」，國土家之「私產」，國事家之「私事」，國難家之
「私禍」，國恥家之「私辱」，所以西方列強不但得以「猛力」侵國，

22　《堯舜為中國中央君權濫觴考》，《飲冰室合集‧文集》之六，頁22-23、26。

23　《論政府與人民之許可權》，《飲冰室合集‧文集》之十，頁5。

24　梁啟超的「主權在民」觀亦有矛盾的地方。例如，他提到所謂「人格之國家」的概
　　念時，認為「國家握獨一最高之主權，而政府人民皆生息於其下者也」（《論政府與
　　人民之許可權》，《飲冰室合集‧文集》之十，頁1）。後來，他提出「國家有機體
　　說」，將這一點放大，從人民主權說後退到國家主權說。

而且還得以通過其國以「鎮壓」其民，從而使中國成為其「外府」。
而梁啟超所提出的新的國家概念即「國民」（應理解為國與民）的概
念，與傳統的國家概念是完全對立的：「國民者，以國為人民公產之
稱也。國者積民而成，舍民之外，則無有國。以一國之民，治一國之
事，定一國之法，謀一國之利，捍一國之患，其民不可得而侮，其國
不可得而亡，是之謂國民。」[25]「國者何？積民而成也；國政者何？
民自治其事也；愛國者何？民自愛其身也。故民權興則國權立，民權
滅則國權亡。……故言愛國必自興民權始。」[26]在這裏，梁啟超再次
涉及到了「國體」問題，確認了國民在國家中的主體和統治地位。

　　作為國民的國家，其根本標誌就是要立有憲法，以憲法來保障民
權，限制君權。梁啟超將憲法視為國家的根本大法：「憲法者何物
也，立萬世不易之憲典。而一國之人，無論為君主為官吏為人民皆共
守之者也，為國家一切法度之根源。此後無論出何令，更何法，百變
而不許離其宗者也。」而憲法的主要作用，是將「無限權」的專制政
體變為「有限權」的立憲政體，用憲法限制君權。他特別強調將民權
寫入憲法的意義，把民權作為憲法得以實行的保障：「欲君權之有限
也，不可不用民權；欲官權之有限也，更不可不用民權。憲法與民
權，二者不可相離。此實不易之理，而萬國所經驗而得之也。」[27]至
於君主立憲國的憲法究竟應將君權限制到何等程度，梁啟超在1899年
寫《各國憲法異同論》和1900年寫《立憲法議》時，態度還是比較保
守和含糊的，對君權還懷著眷眷之情。到1902年所寫的《政治學學理

25　《論近世國民競爭之大勢及中國前途》，《飲冰室合集·文集》之四，頁60、56。

26　《愛國論》，《飲冰室合集·文集》之三，頁73。

27　《立憲法議》，《飲冰室合集·文集》之五，頁1、3。關於憲法在法理上的根據，梁
　　啟超認為無論何種憲法，只要「出於國民公意，成於國民會議」，便應視為完全和
　　有效（《新中國未來記》，《飲冰室合集·專集》之八十九，頁7）。

摭言》中，梁啟超則以非常明白的語言闡發了「君主無責任義」，對
凡是君主立憲國憲法中皆有的「君主無責任，君主神聖不可侵犯」的
條款作了完全資產階級式的解釋，指出在君主立憲政體中，君主雖然
尚存尊嚴，實際上已為「虛器」，國家政治大權完全掌握於「國民所
信用之大臣」的手中，君主不能插手於政權和政事，從而規定了君主
立憲國家的資產階級實質。不過，梁啟超既想靠憲法限制乃至剝奪君
主的政治大權，又希望用憲法為君主保留一席神聖不可侵犯的高位，
兩全其美地既不「病」資產階級之「國」，又不「病」封建階級之
「君」。[28]這在中國專制統治力量強大、資產階級力量弱小的情況下，
顯然只是一個幻想。

　　國民在國家中具有憲法所保障的主體和統治地位，還必須通過一
定的政治形式才能具體體現。對於這一點，梁啟超從立法權的角度，
強調了設立議會（亦稱國會，下同）的重要意義和作用。他抓住議會
掌握立法權從而與封建專制截然對立這一實質，直接將議會稱之為
「立法部」，強調立法是「國家之意志」，是「政治上第一關鍵」和
「立國之大本大原」。議會的職責是「因事勢，從民欲，而立制改
度，以利國民」。他用資產階級的立法觀審視中國歷史，尖銳地批判
了數千年只有人治而無法治的封建政治：「嗚呼，荀卿有治人無治法
一言，誤盡天下。遂使吾中華數千年，國為無法之國，民為無法之
民」，「此真中國特有之現象，而腐敗之根源所以出也」；「不知一人之
時代甚短，而法則甚長。一人之範圍甚狹，而法則甚廣。恃人而不恃
法者，其人亡則其政息焉」。又用資產階級的立法觀反思中國維新之
事，指出設立法部（議會）是欲收改革之效的「本原」和關鍵：「近
年以來，吾中國變法之議屢興，而效不睹者，無立法部故也。及今不

---

28 《政治學學理摭言》，《飲冰室合集・文集》之十，頁63、66。

此之務，吾知更閱數年數十年，而傚之不可睹仍如故也。今日上一奏，明日下一論，無識者歡欣鼓舞，以為維新之治可以立見，而不知皆紙上空文。」這實際上是說，沒有資產階級的參與政權，任何真正的改革都是不可能成功的。梁啟超立法觀的資產階級民權性質，在他論及立法權屬於誰這一問題時表現得尤其鮮明。他接受邊沁所說政治原則，認為「循所謂最多數最大幸福之正鵠，則眾人之利重於一人，民之利重於吏，多數之利重於少數」，因此，立法權應「屬於多數之國民」。梁啟超在原則上闡明立法權時力求與封建專制對立，在實際如何取得立法權問題上卻力求與封建專制妥協。他聲明國民之立法權並不損害「君主之尊嚴」，婉勸中國君主不要重蹈法王路易十六之「覆轍」，請求君主將立法權界予國民。[29]

此外，梁啟超還對政府與人民的許可權、亞里斯多德和孟德斯鳩三權分立的政制理論、歐美各國的憲政制度、國會的權利和選舉議員的方法、國民的權利和義務、政府大臣的責任等諸多問題均有所論述。

概言之，梁啟超的民權主義是與君主立憲緊密聯結在一起的。民權是君主立憲的實質，而君主立憲又是民權的界限。他在發揮民權觀時不時地將民權變成了真正的民主，但君主立憲的保守框架，又從總體上對民權作了嚴格的限制。

三　以權利自由為旗幟，奠定君主立憲思想的理論基礎

在以民權為核心、直接闡述君主立憲政治的各項基本原則的同時，這一時期梁啟超還廣泛探討過權利、自由、平等、獨立、自治等統屬資產階級民主主義範圍的問題。其中，論述較多、與君主立憲思

29　《論立法權》，《飲冰室合集・文集》之九，頁102、103-104、106-107。

想聯繫最為密切的是權利自由的問題。他對此問題的認識，奠定了君主立憲思想的理論基礎。[30]

梁啟超依據對歐美歷史的考察，將權利自由的基本內涵概括為政治、宗教、民族和生計等四個方面。聯繫中國實際，認為當務之急惟有政治自由即國民「參政問題」和民族自由即「自立自治」、「民族建國」兩個密切相關的問題。而兩者之中，前者更為重要，成為前提：「必先使吾國中人人固有之權皆平等，必先使吾國民在我國所享之權利與他國民在彼國所享之權利相平等，若是者國庶有瘳。」[31]政治自由具有反封的意義，民族自由具有反帝的意義，將此兩個問題突出出來並指出兩者的先後關係，應該說是把握得比較準確的。梁啟超極力強調權利自由的重要性。對於人來說，權利自由是天賦之「良能」，為人之「資格」，是人與獸的區別所在[32]，是與人的「物質界之生命」同等甚至更為重要的「精神界之生命」[33]。對於國來說，權利自由是「立國之本原」，在學理上，「自由者，天下之公理……無往而不適用者也」。[34]對權利自由的這種認識，就使他的政治思想能夠帶上比較激進的色彩。

「人權」和「自由」都曾經是西方資產階級革命時期非常流行的富有戰鬥性的口號。梁啟超的權利和自由的概念來自西方，但他的權

---

30 權利和自由，梁啟超一般是作為兩個問題分開來論述的。但從實際內容看，他使用兩個概念所論述的大致是同一個問題。他雖然說過自由是「權利之表證」（《十種德性相反相成義》，《飲冰室合集・文集》之五，頁45），似乎將權利規定為自由的內涵，但更多的時候並未在兩者之間作嚴格的邏輯區分，而是將兩者混為一體，權利即是自由的權利，而自由即是權利的自由，兩者密切相連，不可分離。兩者所涉及的是同一個基本問題即人權問題。

31 《新民說・論權利思想》，《飲冰室合集・專集》之四，頁40。

32 同上書，頁31。

33 《十種德性相反相成義》，《飲冰室合集・文集》之五，頁45。

34 《新民說・論自由》，《飲冰室合集・專集》之四，頁40。

利自由思想與西方的人權思想和自由觀念又有很大的不同。他沒有採用西方18世紀自然法學說「天賦人權」的理論，也未單獨宣傳西方的自由思想，而是接受了19世紀社會進化學說「天演強權」的理淪，並將其與自由的觀念糅合在一起，提出了具有自己一定特色的權利自由思想，其主要內容及特點表現為以下四個方面。

1. 以自強作為權利自由的根本立足點，強調弱者通過競爭求得權利自由。他不同意所謂「天生人而人人界以自由平等之權利」的說法，認為權利和自由不是天所賦予，而是由力量之強弱所決定的，「世界之中，只有強權，別無他力。強者常制弱者，實天演之第一大公例也」。因此，欲獲得權利和自由，「惟當先自求為強者而已。欲自由其一身，不可不先強其身；欲自由其一國，不可不先強其國」。在強者和弱者之間，他站在弱者一邊，依據歷史進化論的觀點，認為權利和自由必然越來越多地屬於「在下位者」、被統治者[35]，「日進而趨於多數也，是天演之公例不可逃避者也」。因此，他激勵弱者勇於競爭，「多數之弱者能善行其爭，則少數之強者自不得不讓」[36]。

2. 不重個人的權利自由，強調「團體」的權利自由。他雖然承認「人人自由，而以不侵人之自由為界」為「自由之極則」，但對這個西方流行的自由界說作了完全中國式的解釋：「自由云者，團體之自由，非個人之自由也。」自由不是求衣食住行等方面的「一己之自由」，而是「務所以進其群其國於自由之道」。這種「團體自由」論一方面模糊地反映了資產階級迫切需要集結自己的階級隊伍以開展反對封建專制主義的鬥爭，另一方面主要還是嚴峻的民族鬥爭形勢的反映：「天下未有內不自整，而能與外為競者。外界之競爭無已時，則

---

35 《自由書・論強權》，《飲冰室合集・專集》之二，頁31。
36 《政治學學理摭言》，《飲冰室合集・文集》之十，頁67。

內界之所以團其競爭之具者，亦無已時。使濫用其自由，而侵他人之自由焉，而侵團體之自由焉，則其群固已不克自立，而將為他群之奴隸」，「人不能離團體而自生存，團體不保其自由，則將有他團焉自外而侵之壓之奪之，則個人之自由更何有也」。[37]

3. 以法律作為權利和自由的保障，權利和自由通過服從而體現出來。他認為權利和自由只能依靠法律才能保障，因此，「有權利思想者，必以爭立法權為第一要義」，以多數人所制定的「新法律」，取代少數人所制定的「舊法律」。[38]而「真自由者」就表現為「服法律」，「法律者，我所制定之，以保護我自由，而亦以鉗束我自由者也」，「服從之即為自由母也」。[39]建立資產階級的法治，以取代封建主義的人治；服從於「公定之法律」，而不服從於專制，這無疑是有積極意義的。

4. 在個人權利自由方面，強調思想上的自由解放。他將人們實際所處的奴隸地位稱為「身奴」，將人們思想上的奴隸意識稱為「心奴」，認為「辱莫大於心奴，而身奴斯為末矣」。「身奴」是由他人的「強迫」所造成的，而「心奴」則是自己所造成，其「解脫」亦只能依靠自己。因此欲求「真自由」，「其必自除心中之奴隸始」，養成權利自由思想，這樣就能「一旦起而脫其絆也」。[40]

從這些內容看，梁啟超的權利自由思想既鮮明體現了中國資產階級進行實際鬥爭的需要，又具有比較濃厚的資產階級思想啟蒙的色彩。與此同時，梁啟超的權利自由思想也受著君主立憲政治立場的嚴重約束。他認為人民自強和爭取自由權鬥爭的目標及結果，並非推翻

---

37 《新民說‧論自由》，《飲冰室合集‧專集》之四，頁44、45、46。

38 《新民說‧論權利思想》，《飲冰室合集‧專集》之四，頁37。

39 《新民說‧論自由》，《飲冰室合集‧專集》之四，頁45。

40 《新民說‧論自由》，《飲冰室合集‧專集》之四，頁47。

和完全取代統治者的強權,而只是迫使「大而猛」的強權變為「溫而良」的強權,以求得「強權」與「自由權」之間的「平均」,進而「兩強相遇,兩權並行,因兩強相消,故兩權平等」。[41]被統治者既應依靠自己的鬥爭獲得權利自由,但又不可從根本上否定統治者的強權,這正是君主立憲政治妥協性的生動寫照。梁啟超的權利自由思想這時還顯露了與革命派自由論的分歧,他對那些「囂囂言自由」的「今世少年」所具有的「放恣桀驚」之氣和偏重「一己之自由」的傾向頗不以為然。他之所以強調團體自由而忽視個人自由,將自由與服從緊係一起,在很大程度上也是有感而發。他勸告激進的人們將自由的理想限制在「向上以求憲法」、「排外以伸國權」,「慎勿毒自由以毒天下」,而甚懼自由「不徒為專制黨之口實,而實為中國前途之公敵也」。[42]這種分歧可視為後來梁啟超與革命派展開全面論戰的思想理論上的萌芽之一。

四　以新民和破壞為號召,促成君主立憲的實現

梁啟超通過對專制政治的清算,對君主立憲基本原則及其理論基礎的闡述,規劃了一幅比較完整的資產階級立憲國的藍圖。但怎樣實現這幅藍圖,將封建專制的中國變為資產階級的立憲國呢?梁啟超心目中理想的、根本的方法仍然是由政府自上而下地進行政治改革。他一直認為中國「民德民智民力」未開,人民尚不具備「立憲國民的資格」。[43]在這種民情之下,不僅不能由人民自己建立憲政國家,就是政府亦不可遽行立憲政體,而只能進行立憲的準備。1900年他為「當

41　《自由書‧論強權》,《飲冰室合集‧專集》之二,頁30-31。
42　《新民說‧論自由》,《飲冰室合集‧專集》之四,頁45-50。
43　《新中國未來記》,《飲冰室合集‧專集》之八十九,頁38。

道」所提出的預備立憲的「辦理次第」是：君主降詔立憲；派重臣去外遊歷考查；開立法局於宮中草訂憲法；普及憲法知識教育；憲法草稿經國民充分「辯難討論」後修改成定本頒行；自下詔之日起，「以二十年為實行憲法之期」[44]這與維新派在戊戌時期曾提出過的「變法次第」相比，除了將主要的政治目標由「變法」改為「立憲」外，在指導思想乃至某些具體做法上都很有相似之處。對於已經幽禁了「維新皇帝」的清政府來說，要實施這一方案顯然更非易事。梁啟超是懂得這一點的，在提出預備立憲方案之後，他逐漸將眼光更多地由政府轉向民眾，以「新民說」為大題目，寫下了一系列以啟迪民智、培育新型國民為目的的文章，力圖開闢一條由「新民」通達君主立憲的道路。「新民」雖然不過是對於「預備立憲」方案的補充，但它的提出在當時仍然是很有意義的。

新民說是梁啟超在政治思想上取得重要突破和進步的積極成果。

1. 在政府和民眾的關係上，認識到民眾是決定政府性質的社會基礎。對過去而言，民眾的「愚陋怯弱渙散混濁」，是造成政府腐敗、國不能立的基本原因，「以若是之民，得若是之政府官吏」。[45]這裏的「民」是個廣義的概念，實際上將下層勞動群眾和不當官的地主階級成員都包括在內。這一認識中蘊含著一個合理的觀點，即在一個主要由農民和地主作為社會基礎的國度裏，必然只會產生出專制而落後的政府。對未來而言，「新民」是產生新政府的首要條件，「苟有新民，何患無新制度，無新政府，無新國家。非爾者，則雖今日變一法，明日易一人，東塗西抹，學步效顰，吾未見其能濟也」，即使有「賢君相」，而無嶄新的「民德民智民力」，維新亦不能實現。[46]這裏

---

44 《立憲法議》，《飲冰室合集‧文集》之五，頁6-7。

45 《新民說‧敘論》，《飲冰室合集‧專集》之四，頁1。

46 同上書，頁1、2。

的「新民」，實際上主要是指新興的資產階級。對政府和民眾關係的重新認識，改變了戊戌年間梁啟超式的以「開官智」作為萬事起點的著名公式，在很大程度上突破了維新派所奉行的「聖君賢相」主義，將政治改革的基點放到了改造「國民」一邊。這無論在理論意義還是實踐意義上，都是有價值的轉變。

2. 在英雄與群眾的關係上，認識到群眾是使英雄有所作為的必要條件。梁啟超認為，英雄之所以能夠成就英雄事業，並不僅僅在於英雄本人，而且在於群眾，在於千百數的「無名英雄」，「天下人人皆為無名之英雄，則有名之英雄，必於是出焉矣」。[47]而對於「一國之進步」來說，「其主動者在多數之國民」，一二之代表人物為助動者，則「其事罔不成」；其主動者若在一二之代表人物，而強求多數國民者為助動者，則「其事鮮不敗」。因此，他所思所夢所禱祀的，「不在轟轟獨秀之英雄，而在芸芸平等之英雄」[48]。並且，英雄與群眾是隨著文明的進步而互相轉化的。「未開化」的古代是英雄之時代，而文明的近代則是越來越多的群眾變成英雄的時代，「20世紀以後將無英雄，何以故，人人皆英雄故」。他進一步引申說，英雄為「不祥之物」，世界之無英雄，乃進步之徵驗，「故必到人民不依賴英雄之境界，然後為真文明」。不過，他認為只有歐美已經做到了這一點，而中國還相差遙遠，因而仍然需要有「非常」之英雄出，「橫大刀闊斧，以闢榛莽而開新天地」，否則，中國仍恐「終古如長夜」。[49]既淡化英雄又期盼英雄，這表現了一種矛盾的態度。

在宣揚新民說的同時，梁啟超還著力鼓吹所謂「破壞主義」，這是對「預備立憲」的又一種富有意義的補充。

---

47 《自由書・無名之英雄》，《飲冰室合集・專集》之二，頁50。
48 《過渡時代論》，《飲冰室合集・文集》之六，頁32。
49 《自由書・文明與英雄之比例》，《飲冰室合集・專集》之二，頁85-86。

早在《清議報》時期，梁啟超就開始鼓吹「破壞主義」，譽之為「今日第一要件」，「今日第一美德」，「救國救種之下手第一著也」。[50] 隨後在《新民說》一文中，又以更為急切的語言宣揚破壞的必不可免：「破壞之運之相迫也，破壞亦破壞，不破壞亦破壞。」[51]他的高喊「破壞」並非故作姿態，更非以「投機」冒充革命黨，而是在當時環境時局的刺激之下，政治態度合乎邏輯地傾向激進的表現。

時勢的推動和逼迫，是梁啟超從溫和的改良變為激烈的「破壞」的基本原因。作為民族資產階級上層的思想代表人物，梁啟超並不喜歡破壞，在其心目中，破壞從來不是改良的正途。然而，當他看到政府毫無維新之望，中國面臨可能「以病致死」的厄運之時，不得不求助於「破壞」這味「劇烈吐瀉」之藥。[52]在寫給康有為的一封信中，梁啟超對這種心理作了相當真實的吐露：「先生懼破壞，弟子亦未始不懼，然以為破壞終不可得免，愈遲則愈慘，毋寧早耳。且我不言，他人亦言之，豈能禁乎？不惟他人而已，同門中人倡狂言此，有過弟子十倍者……豈肯背師……迫於今日時勢，實不得不然也。」[53]而西方資產階級革命或改革運動的史實，是使他意識到破壞必不可免的歷史依據。他歷數英、法、美、日等國經大破壞得大進步的事蹟，得出結論：破壞為「古今萬國求進步者獨一無二不可逃避之公例」，破壞是進步的前提，破壞是建設的階梯。儘管他為歐洲宗教改革的「二百年干戈雲擾」而「慼」，對法國大革命的「殺人如麻」感到「股栗」，但還是鼓足勇氣承認其「安可得避」。下層群眾在專制統治下所遭受的巨大苦難，對他鼓吹破壞論亦有一定的影響。他指出無數民眾因旱

---

50 《十種德性相反相成義》，《飲冰室合集・文集》之五，頁50。

51 《新民說・論進步》，《飲冰室合集・專集》之四，第60頁。

52 同上書，頁63。

53 《與夫子大人書》，丁文江、趙豐田編：《梁啟超年譜長編》，頁286-287。

洪、凍餒、疫癘、「盜賊」而慘死的事實,痛歎「中國人之為戮民久矣」,而將今日之「國體」、「政治」、「官吏」斥之為「直接間接殺人者」。[54]因此,非走破壞之路不可。

破壞主義的鋒芒是集中指向封建專制政體的,其目的是「取數千年橫暴混濁之政體,破碎而齏粉之」,使各級封建官吏失其憑藉,然後去舊以「上於進步之途」;「取數千年腐敗柔媚之學說,廓清而辭辟之」,使各種封建文人無以為業,然後開新以「行進步之實」。這些目標與資產階級革命派的目標在方向上來說是基本一致的。為達此破壞之目的,他提出了兩種方法:一種是日本式的「無血之破壞」,一種是法國式的「有血之破壞」。在主觀願望上,他是主張前者而反對後者的:「中國如能為無血之破壞乎,吾馨香而祝之;中國如不得不為有血之破壞乎,吾衰絰而哀之。」不過,他已清醒地看到前一種方法已不能行,而後一種方法「終不可免」,禁不住發出「安忍言」而又「安忍不言」的沉重感慨。[55]

梁啟超的「破壞主義」雖然部分地表現出趨於革命的傾向,但畢竟與革命派的主張有重大的區別。他要求粉碎「專制政體」,卻不敢明確提出徹底推翻清朝。他敵視包括太平天國農民起義在內的一切下層群眾的反抗鬥爭,目之為「內亂」、「匪禍」。在被迫面對「流血破壞」的現實之時,他內心充滿了無限的傷感和無比的擔憂,一再表白是「以不忍人之心,行不得已之事」[56],一再希望「較少」破壞,而較多「保全」,一再告誡「非有不忍破壞之仁賢者,不可以言破壞之言;非有能回破壞之手段者,不可以事破壞之事」[57]。他所謂的「破

---

54 《新民說·論進步》,《飲冰室合集·專集》之四,頁60、65、66-67。
55 同上書,頁64-65。
56 《十種德性相反相成義》,《飲冰室合集·文集》之五,頁50。
57 《新民說·論進步》,《飲冰室合集·專集》之四,頁60、67-68。

壞」，其實還是理想主義的「破壞」，而不是現實主義的「破壞」，是
一條雕龍，還不是一條真龍。從實質而言，他的破壞主義仍然是從屬
於君主立憲的政治立場，並且為君主立憲的目的服務的。

　　總之，1899~1903年是梁啟超的君主立憲思想迅速發展的時期。
這一時期，在「外患日益劇，內腐日益甚，民智程度亦漸增進」[58]的
時勢的催迫下，梁啟超的君主立憲思想不僅開始獨立成形，而且急劇
地向「左」擺動，表現出走向激進、傾向革命的顯著特色。由此，它
本身所具有的反封建專制的合理內涵得到比較深刻的發掘，甚至還能
在一定程度上衝破保皇和改良的束縛，「超過君主立憲」[59]，從而仍然
能充當這一時期進步政治思想的主流。但是，君主立憲思想的向
「左」擺並未使它從實質上變為革命民主主義，君主立憲的根本立場
限制著它的進一步發展，並使其具有很大的內在矛盾性（梁啟超本人
「持論每喜走極端」[60]的個人特點往往使這種矛盾性顯得格外鮮明）。
既痛恨專制政體，又極力保留君主；既嚮往權利自由平等，又害怕成
為專制黨的「口實」；既力倡「新民」，又隱憂「亂民」；既鼓吹「破
壞主義」，又惟恐破壞一起便不可收拾；翱翔於理想而游離於現實，
縱橫於議論而慎避於行動，這些都是上述矛盾性的表現。

　　從歷史作用看，這一時期梁啟超君主立憲思想積極、進步的一面
是占主導地位的。一是在戊戌政變後中國思想界的「黑暗時期」，君
主立憲思想起著反擊封建專制、啟蒙民眾覺悟的作用。此時君主立憲
思想的主要鋒芒是針對封建專制主義，而不是針對革命派的。它對封
建專制主義所作的歷史的清算和現實的抨擊，都進一步揭露了封建統

58　《釋革》，《飲冰室合集‧文集》之九，頁41。

59　李劍農：《戊戌以後三十年中國政治史》（北京市：中華書局，1965年），頁40。

60　《光緒三十二年任公先生致蔣觀雲先生書》，丁文江、趙豐田編：《梁啟超年譜長
　　編》，頁213。

治階級的罪惡。在批判的同時，它圍繞資產階級憲政這個中心，廣泛宣傳了西方資產階級的社會政治學說，系統地針砭了數千年封建壓迫所造成的落後的「國民性」，進行了重要的資產階級思想啟蒙工作。二是在資產階級革命思潮尚未全面興起之前，君主立憲思想的傾向激進起了推動革命思潮發展的作用。當時革命派的宣傳刊物還較少，對革命的宣傳多半還限於舊式的民族主義，而「短於歐美新思想」[61]。孫中山正式形成三民主義還是此後幾年的事。此外，當時民主共和與君主立憲的陣線是不鮮明的，對立是不尖銳的。在這種情況之下，梁啟超君主立憲思想的激進內容就起到了促進廣大青年知識分子和愛國志士進一步覺醒，並逐漸走向革命道路的作用。充滿愛國激情的留學生和青年學生們並不大去注意梁啟超的整個君主立憲思想體系，而更多地是從他所謂「矯枉過正」的宣傳中吸取了寶貴的思想養料。在日本，很多留日學生都受過梁啟超宣傳的民權、自由等學說的薰陶。在國內，梁啟超的破壞論「影響國內青年之思想至巨」[62]。不少人由維新派而轉變為革命派，不少革命志士的成長，與梁啟超此時君主立憲思想的直接或間接影響是分不開的。後來曾與梁啟超激烈論戰的革命派理論家胡漢民這樣評價道：「平心論之，梁氏壬寅歲首之新民叢報……所持主義，則固由黑暗而進於光明，其位置可次於浙江潮、江蘇雜誌之下……以謂新民叢報初期曾為革命報之一，則梁氏所不能辯也。」[63]這是符合事實的。

　　這一時期君主立憲思想所起的積極作用，不能僅僅歸功於梁啟超本人，更為重要的還是中國社會急劇發展的形勢所造成的整個思想界

---

61 《興中會初期之宣傳品》，馮自由著：《革命逸史》初集，頁11。

62 《開國前海內外革命書報一覽》，馮自由著：《革命逸史》第三集，頁144。

63 胡漢民：《近年中國革命報之發達》，《中華民國開國五十年文獻》第一編第十二冊（臺北市：正中書局，1964年），頁727-728。

迅速走向革命化的結果。就梁啟超而言,他的傾向革命並不完全是真心實意、自覺自願的。在時代風雲的激盪中,他此時更多的還是徘徊和動搖於君主立憲與反清革命之間,而傾向革命總的來說仍然是為君主立憲服務的。所以,他對自己激進的言論所產生的積極的社會影響會感到「意外」[64]。也正因為如此,爾後當人們將革命變為實際行動,由君主立憲思想轉向革命民主主義思想,為「新民」的誕生、「破壞」的實現、民權的獲得而英勇鬥爭的時候,梁啟超不僅是「意外」,而且是甚為驚訝不安了。於是,他不惜向這一時期的「自我」挑戰,更不惜與以孫中山為首的革命派論戰,其君主立憲思想亦因此而潮頭頓落,不能不讓位於奔湧而至的革命民主主義之時代主潮。

---

64 《初歸國演說辭》,《飲冰室合集‧文集》之二十九,頁3。

1903～1907年間梁啟超君主立憲思想的蛻變

一　蛻變原因：君主立憲激進主張中的內在矛盾

在1899～1903年的迅速發展中，梁啟超的君主立憲思想由於急劇向「左」擺動而達到了自己的高峰。但在此過程中，它本身已包含著嚴重的難以克服的內在矛盾。隨著形勢的發展變化，這些矛盾尖銳地激化起來，使梁啟超的君主立憲思想從高峰上跌落下來，在1903～1907年間出現全面的逆轉。

第一，梁啟超前一時期提出君主立憲思想的激進主張，多半是出於宣傳上的需要，既沒有打算真正付諸行動，也未找到一條能夠實現其主張的道路。他所從事的全部實踐，限於保皇會的成立組織、募捐、辦學等活動，這些活動不僅與其激進主張完全脫節，甚至與中國的實際變革並無大的關係。梁啟超在給康有為的信中，就表示懷疑保皇會活動「有益於辦內地實事者幾何」，承認「我輩亦實未能做成一二實事」，覺得實「無面目見人」。[1]可見，保皇派的活動是相當狹隘和軟弱無力的，根本不可能建立起梁氏激進主張的實踐基礎，相反，倒是迫使梁氏由激進退為保守的一個重要因素。而從其激進主張本身來看，又是完全建立在主觀的、理想的、西方（日本）模式的基礎之上，與中國的社會現實有著極大的距離。一旦接近現實，梁啟超勢必

---

[1]　《與夫子大人書》，丁文江、趙豐田編：《梁啟超年譜長編》，頁331-333。

會對其理想方案產生極大的懷疑，乃至加以放棄。從1903年2月起，梁啟超對美洲新大陸的「政俗」進行了長達十個月之久的考察遊歷，這也是他第一次親身接觸一直崇拜嚮往的資產階級共和國。從耳聞目睹和全面對比中，他深深感受到了西方資產階級民主共和制度與中國國情民情之間的巨大差距。他認為這個差距不是短時間內可以克服的，在克服這個差距之前，不僅實現共和制不可能，而且倡言共和制亦只會導致「亂亡」。他完全消極地看待這種差距，對前此的激進主張「霍然自見其非」[2]，「自美國來而夢俄羅斯」，宣佈與共和「長別」[3]。

第二，梁啟超激進主張的基點是君主立憲，他所說的民權、新民、破壞主義等表面上與革命派的主張有相通之處，實際上卻是大不相同的。比起更加落後保守的人們來說，梁啟超是激進者，而比起更為激進的革命者來說，他又是保守者。由於政治派別利益、思想根源等方面存在重大差別，梁啟超與革命派之間一直隔著一道無法填平的鴻溝。他的激進主張一方面意在震撼保守，一方面又是為了規範革命。當革命思潮流佈平緩的時候，他的激進主張客觀上為其推波助瀾，而一旦革命潮流洪波湧起，他便立即驚恐不安，力圖進行阻擋。1903年相繼發生的拒俄運動和《蘇報》案是革命思潮全面興起的起點，也是梁啟超的君主立憲思想由激進走向保守的分界線。據當時記載，《蘇報》案發生後，「一傳十，十傳百，百傳千萬。於是排滿之一主義，遂深入於四萬萬國民之腦髓中」，「興中諸會，勢焰如雲，學界風潮，鼓蕩日厲」。[4]留日學生和國內進步青年的日益革命化，革命書

---

2 《答和事人》，《飲冰室合集・文集》之十一，頁47。

3 《政治學大家伯倫知理之學說》，《飲冰室合集・文集》之十三，頁86。

4 《革命其可免乎？》，《江蘇》第四冊，轉引自胡繩武主編：《戊戌維新運動史論集》，頁113。

刊的大量湧現，各種革命團體的紛紛建立，成為革命思潮全面興起的重要標誌。革命思潮洶湧而至，君憲思想的狹窄管道不僅難以容納它們，而且勢必要被它們的巨大力量所沖決。在這種情況下，梁啟超理想的「革命」夢被徹底打破了。他感到宣傳激進主張的「希望之目的」未達，而「現在未來不可思議之險象」已生[5]，於是不敢再趨激進，反而退至保守。在民國元年回國後所作的演講中，梁氏曾作過這樣的回顧：「……見留學界及內地學校，因革命思想傳播之故，頻鬧風潮。……雅不欲破壞之學說，深入青年之腦中。又見乎無限制之自由平等說，流弊無窮，惴惴然懼。又默察人民程度，增進非易，恐秩序一破之後，青黃不接，暴民踵興，雖提倡革命諸賢亦苦於收拾。加以比年國家財政國民生計，艱窘皆達極點，恐事機一發，為人劫持，或至亡國。……自此種思想來往於胸中，於是極端之破壞不敢主張矣。……專言政治革命，不復言種族革命，質言之，則對於國體主維持現狀，對於政體則懸一理想，以求必達也。」[6]害怕和反對以推翻清朝為直接政治目標的資產階級革命，是梁啟超思想倒退的最重要的原因。

　　第三，梁啟超的激進主張雖在相當大的程度上已從康有為所代表的保皇思想中獨立出來，但他在政治活動上卻完全受著康有為的控制。他奉康有為為個人之「恩師」，團體之領袖；對於康有為不許與革命派來往的禁令，辦理保皇事務的安排，各種政治行動的布置，基本上都是遵照不誤、積極行動的。他所密切交往之人，大多數都是維新保皇黨人。他所直接接觸和依賴的階級基礎，是遍佈海外的擁護保皇主張的華僑群眾。這些對其激進主張都起著無形的鉗製作用。就思

5　《答和事人》，《飲冰室合集・文集》之十一，頁47。

6　《初歸國演說辭》，《飲冰室合集・文集》之二十九，頁3。

想上而言，康有為等人對梁啟超的激進主張從來是極為不滿的，「深不謂然，屢責備之，繼以婉勸，兩年間函劄數萬言」[7]，「辛壬之間，師友所以督責之者甚至」[8]。對於這些指責，梁啟超雖然一再予以申辯，但畢竟受到很大壓力。他與康有為等人在根本的政治立場上是大體一致的，而他與革命派之間的分歧遠遠大於與康有為等人之間的分歧。所以，當革命思潮全面興起之後，梁啟超雖然激進主張還「時時出沒於胸中」[9]，但已不再獨樹一幟，而是表示「悉以誠心悔改」[10]。作為一度放蕩不羈的「浪子」和仍然心懷「恨志」的弟子，重回康有為及其保皇黨的懷抱之中。

在這些因素的共同作用下，從1903年開始，梁啟超完全放棄了其激進的主張，思想發生了全面的倒退。

二 展開論戰：全面反對資產階級民主革命

1905年，中國同盟會宣告成立。以孫中山為領袖的革命派高舉三民主義的大旗，展開強大的宣傳攻勢，發動更加廣泛的武裝鬥爭，掀起了更大的革命浪潮。此時，梁啟超便公開站了出來，將曾經主要指向封建專制主義的鬥爭鋒芒轉過來指向資產階級革命派，將其作為「第一義」的敵人，與之進行了近兩年之久的論戰。在與革命派的論戰中，梁啟超的君憲思想急劇地向右擺動，它本身所包含的消極落後的一面不僅充分顯露出來，而且大大地擴充了。其中心之點是全面反對資產階級民主主義革命，主要表現在以下幾個方面。

---

7 《清代學術概論》，《飲冰室合集・專集》之三十四，頁63。

8 《答和事人》，《飲冰室合集・文集》之十一，頁47。

9 《與夫子大人書》，丁文江、趙豐田編：《梁啟超年譜長編》，頁332。

10 《與雪庵書》，丁文江、趙豐田編：《梁啟超年譜長編》，頁325。

（一）堅決反對推翻清朝的暴力革命

推翻清朝是革命派的主要目標之一。清朝是中國最後一個封建專制主義王朝，又是中國近代所有喪權辱國的不平等條約的簽訂者。要完成資產階級民主革命，推翻清朝勢在必行。革命派正是從這一目的出發，提出了以「反滿」為口號的民族主義。他們在倡言「反滿」的時候，曾一再闡明這個口號所具有的反對封建專制的政治意義。但是在更多的場合，他們中的一些人只是現成地利用傳統的民族主義心理，或者局限於狹隘的民族復仇主義。這種在實踐中起了廣泛發動群眾的巨大作用的宣傳，在政治理論上卻是革命派的一個突出弱點。

梁啟超在反對倒清革命時，正是抓住了革命派的這個弱點。他將革命派的民族主義等同於「復仇主義」，否定民族革命在當時歷史條件下所包含的深刻的政治內涵，將反清革命與歷史上的改朝換代混為一談，把民族革命（「種族革命」）與「政治革命」完全割裂開來，斷言民族革命與政治革命「無一毫因果之關係」，既不能達救國之目的，也不能作為政治革命的手段。但與此同時，他又不能否認在中國「皇位確與政治上勢力同為一物」，不能否認革命派的民族革命與共和國理想有著不可分割的聯繫，並有可能在革命初期「幸免」於改朝換代式的「迴圈反動」[11]，這就使他陷入自相矛盾之中，而在實際上承認了民族革命的政治意義。

梁啟超將民族革命歸謬為「復仇主義」，對於革命派的弱點是一種批評。而他的真實用意，並不在於不滿於民族革命的缺乏政治性，更不是想幫助革命派明確和突出民族革命的政治性質，而是出於對封建專制王朝的妥協與幻想和對下層民眾參加革命的恐懼與仇視，從根本上反對推翻清朝的政治革命。他並不認為清朝衰朽到不可救藥，而

---

11 《申論種族革命與政治革命之得失》，《飲冰室合集·文集》之十九，頁16、33、15。

是相信其有可能「以至誠行立憲，以更新為度」。他辯解君主之所以
不肯立憲，大都由於誤解，只要有人為之委婉陳說利害，君主便「必
將欣然焉以積極的觀念而欲立憲」。而對於頑固政府，只要人民的要
求「得其法」，它也必能「降心相從」。[12]這就不僅從根本上否定了清
朝廷與人民之間巨大的階級對立，而且完全忘記了戊戌政變以來的流
血歷史。的確，作為堅守改良立場的資產階級政治派別的代表，梁啟
超只能於「酒酣耳熱」之際憶起已「成為陳跡」的「揚州十日」、「嘉
定屠城」之類的民族壓迫，而對清朝現實的壓迫並沒有資產階級革命
派和下層群眾所能感受的那種切膚之痛，反而認為「舉國人民，其在
法律上，固已平等，無別享特權者」，矢口否認民族壓迫和階級壓迫
依然嚴重存在的事實。正是由於這種政治取向的重大差別，梁啟超極
為害怕革命會發動廣大的下層群眾。他預言反清革命一起，必然會出
現各路革命軍蜂起、民眾四方回應雲集的局面。他認為這並非好事，
而是極可怕的壞事。因為本來「革命事業，其與秩序性質，最難相
容」，而「素無秩序之民」的暴動，大多數「無機」之群眾的「嘯
聚」，只會帶來無窮無盡、不可預測、不能控制的破壞、混亂和危險，
使得「秩序一破，不可回覆」，釀成法國革命式的「慘劇」，引起外國
干涉，導致國家「亂亡」。[13]他將革命的情景描繪得如此恐怖，是因為
他沒有與封建統治階級作殊死鬥爭的決心和勇氣。對於革命派以民生
主義的社會革命綱領動員民眾，梁啟超更是深懷顧忌，認為革命派所
欲利用的「多數下等社會，其血管內皆含有黃巾闖獻之遺傳性」[14]，
革命一起，下層社會群眾勢必會侵奪「富民之財產」、「屠上流社會之

---

12 《申論種族革命與政治革命之得失》，《飲冰室合集・文集》之十九，頁3、27、38。

13 《申論種族革命與政治革命之得失》，《飲冰室合集・文集》之十九，頁40、36、54-
   55、57。

14 《中國歷史上革命之研究》，《飲冰室合集・文集》之十五，頁40。

族，瀦上流社會之室」[15]。將「下等社會」與「上流社會」截然對立起來，將前者視為洪水猛獸，而對後者呵護有加，這是梁啟超及其所代表的資產階級改良派遠避於民眾、遠避於革命的重要原因之一。

（二）堅決反對建立資產階級共和國

資產階級革命派推翻清朝的目的，是要建立資產階級共和國。共和國主張的提出，使革命派的綱領成為「完整的民主主義」[16]，它既表達了資產階級的政治理想，又成為鼓舞和指引人民進行反清革命的旗幟。

梁啟超反對共和的基本依據是所謂「共和國民的資格」問題。他的定義是：「凡國民有可以行議院政治之能力者，即其有可以為共和國民之資格者也。」他以「模範」的議會政治國家美國、法國、瑞士為標準，將「議院政治之能力」歸結為兩大要件：一是「議院大多數人，有批判政治得失之常識」；二是「有發達完備之政黨」。他指出這兩大要件中國皆不具備。就前者而言，中國欲行議會政治，則議院中人必「非頑固之老輩，則一知半解之新進」；就後者而言，中國「無三人以上之團體，無能支一年之黨派」。因此他斷言：「今日中國國民未有可以行議院政治之能力者也」，「今日中國國民非有可以為共和國民之資格者也，今日中國政治非可採用共和立憲制者也」。[17]

除了從事實層面否認中國人的共和國民資格外，梁啟超還從理論層面論證中國人在共和國民資格上的根本缺陷。他提出共和立憲概念的兩條界說：一是其根本精神為盧梭的「國民總意說」及由其演變而

---

15 《開明專制論》，《飲冰室合集・文集》之十七，頁57頁。
16 《中國的民主主義和民粹主義》，《列寧選集》第二卷（北京市：人民出版社，1972年），頁424。下引該書同此版本，不再另注。
17 《開明專制論》，《飲冰室合集・文集》之十七，頁64、65、67。

成的國民「自由意志之真多數」；二是其表現形式為孟德斯鳩的「三
權分立論」即「最高主權在國民之政治」。他認為這種「純粹的共和
政治」即使在西方也只有少數資產階級國家能夠實現，而中國於革命
之後，「當國家根本破壞搖動，人心騷擾甚囂塵上之時」，以「未有政
治思想未有政治能力」、「久困專制驟獲自由」之國民，必然「無道以
得之」。這是因為「共和立憲制，實不適於此等國家與此等時代」。[18]

　　如果去掉其政治偏見，梁啟超的這些見解並非毫無道理。他實際
上指出了中國資產階級力量弱小、封建勢力影響強大、國民政治思想
落後的狀況，看到了中國不可能照走西方資產階級革命的道路，不可
能建立成功的西方式的資產階級共和國，這些認識中包含著符合實際
的合理成分。但是，這種合理成分只有在與積極探索中國式的資產階
級革命道路（還不可能設想資產階級之外的道路）的努力聯繫一起
時，才有實踐上的進步意義，而梁啟超是站在消極落後的立場上反對
共和立憲的。他斷言共和立憲不能實現，是企圖從根本上否定革命派
建立獨立的資產階級政權的努力。在所謂共和國民資格問題上，他放
肆渲染國民的落後，同時卻極力掩飾清朝的腐朽；他否定國民的共和
資格，卻承認君主的立憲資格；他既然拋棄了國民，勢必只能等待封
建統治者的恩賜。革命派亦講「國民資格」，但主張在建立共和國的
鬥爭實踐中，提高國民覺悟，養成國民資格，他們在一定程度上是相
信民眾的，梁啟超則以「資格」問題根本反對以共和為理想和進行建
立共和的努力，而主張通過維護、改革現政府來養成國民資格。他認
為即使法國國民，亦無完全的共和資格，國民資格的養成，「必在開
明專制時代或君主立憲時代。若非在此時代，則非惟數十年不能，即

18 《申論種族革命與政治革命之得失》，《飲冰室合集‧文集》之十九，頁5、7、15、
　　10、13。

數百年亦不能也」[19]。他將共和資格無限理想化、純粹化，然後用來反對以現實階級利益作為基礎的革命派，其「共和資格」完全成為抵擋革命的盾牌。

按照梁啟超的推理，既然建立共和缺乏「國民」基礎，那麼革命派一旦建立新政府，實行共和立憲制，「不適於共和而強行共和」[20]，勢必會遇到種種困難。對此他敘述得頗為詳盡，舉其大端則有：（1）新政府的政策「必與舊社會一大部分之人利害相衝突」，「舊社會中之有力者」必「抵死不肯屈從」。（2）各地方由於「騷擾凋瘵」而秩序已破，群盜滿山，民不聊生。（3）外國可能乘機干涉、宰割，「其國遂亡」。（4）以倉猝新造之政府，難保各省之無騷亂和暴動，而新政府之力勢不足以鎮壓。[21]（5）農工業必「荒落」，商業必「凋敝」，新政府「軍資」之來源將枯竭。[22]（6）出現普遍的爭鬥：「軍人與人民之爭也，勞動者與上流社會之爭也，黨與黨之爭也，省與省之爭也，糾紛錯雜，隨時可以生出問題」，「中央紛如亂麻，而各省……自然的暴動陸續起，而政府所有有限之軍隊，不能遍鎮壓此無垠之廣土，於是秩序一破，不可回覆，而外國之干涉乃起」[23]。他斷定革命派不可能克服這些困難，共和政府「無論遲早，終必有蹶之一日」。他還預言革命初成功後，無論怎樣皆難形成「多數政治」，倘若革命黨奉身以退，「舊政府黨人」必將代之而起，向革命黨人施以報復，使「革命事業一切隨而犧牲」[24]，國民塗炭，因而勢必又將發生「第二次革命」[25]。

19 《答某報第四號對於〈新民叢報〉之駁論》，《飲冰室合集・文集》之十八，頁63。

20 《暴動與外國干涉》，《飲冰室合集・文集》之十九，頁57。

21 《申論種族革命與政治革命之得失》，《飲冰室合集・文集》之十九，頁11、12、21。

22 《開明專制論》，《飲冰室合集・文集》之十七，頁58。

23 《暴動與外國干涉》，《飲冰室合集・文集》之十九，頁57。

24 《申論種族革命與政治革命之得失》，《飲冰室合集・文集》之十九，頁12、13。

25 《開明專制論》，《飲冰室合集・文集》之十七，頁68。

梁啟超是帶著敵視和悲觀的態度來展望共和國前景的，因而對其可能面臨的困境難免盡量加以渲染和放大。但總的來看，他還是以事實作為依據的，他的某些預見亦為後來的歷史進程所證實。問題並不在於梁啟超怎樣強調和誇大共和立憲所面臨的困難，而在於他在這些困難面前完全表現出軟弱無力的態度。革命派未嘗沒有想到和看到這些嚴重的困難，但他們並未被此所嚇倒。他們認定共和是使中國人民擺脫專制、獲得自由的惟一途徑，懷著必勝的信念和犧牲的精神為之而浴血奮鬥。相反，梁啟超所代表的政治派別遠遠沒有革命派的這種奮鬥精神。他們既不敢與封建統治階級全面決裂，又擔心革命後社會動亂會影響他們本身的各種利益。因此，梁啟超的惟一辦法就是放棄共和，「緩融」、「減低」資產階級與封建統治階級之間的「衝突」[26]，避開共和革命這條現實中布滿荊棘和暗礁的危途，而邁上君主立憲這條幻想中的「坦坦平平之一大路」[27]。這是一種極為軟弱的政治態度。

梁啟超認為，實現共和立憲所必然產生的混亂和困難既然不可克服，那麼它的實際實施和最後結局就不是共和而只能是「專制」。他在理論上的依據是波倫哈克（19世紀末德國柏林大學的教授，著有《國家論》一書，狂熱鼓吹君主立憲）的學說，在史實上的借鑒是法國和中美南美諸國的共和歷史，其矛頭則是針對革命派的主張和實踐。他描述共和立憲的實際行程，其始是「握權者為無資產之下等社會」，「其所舉措往往不利於上流」，其力因無所限制而「日走於極端」[28]；其終則「刑亂國用重典」，必然演變為「專制」[29]，而革命派的「軍政」主張就是這種專制的具體表現。梁啟超一方面在一定程度

---

26 《申論種族革命與政治革命之得失》，《飲冰室合集・文集》之十九，頁11。
27 《暴動與外國干涉》，《飲冰室合集・文集》之十九，頁67。
28 《開明專制論》，《飲冰室合集・文集》之十七，頁74。
29 《申論種族革命與政治革命之得失》，《飲冰室合集・文集》之十九，頁14。

上將這種由共和立憲所引起的「專制」與君主專制區別開來，將前者
稱之為「共和專制」或「戒嚴令政治」[30]，含糊地標示其性質的不
同；另一方面又在「專制」這一名稱之下，將兩者混淆在一起，並認
為「共和專制」與君主專制相比，「更加倍蓰焉」，只有共和之名，而
無共和之實[31]。這種專制不僅勢必與法國式的「極紛擾極慘酷」的
「恐怖時代」聯繫在一起，絕非國家之福，而且「最束縛人民自由，
而定使人民自治力萎縮憔悴者也」。[32]

　　這些觀點並不僅僅說明了梁啟超在共和立憲觀念上的偏見，而且
更鮮明表現了資產階級改良派與革命派之間相差懸殊的政治態度。革
命派建立共和的實質是要從封建統治階級手中奪取國家權力，建立完
全的資產階級專政。而在一個封建統治勢力強大、封建社會歷史久遠
的國度裏，這種專政只能依靠暴力來建立，建立後的相當一段時期也
只能依靠暴力才能維持，雖然革命派對此並不能深刻理解和自覺認
識，在實踐中亦不能有力地加以堅持。梁啟超對所謂「共和專制」的
指責，正是從根本上反對這一點。作為資產階級改良派的思想理論代
表，他只能提出資產階級上層參與國家政權、與封建地主階級聯合掌
權的要求，而反對象革命派那樣，誓與清朝統治者「不共戴天」，「徒
持單獨主義，謂必去彼而已」[33]。不敢與封建統治者全面對抗，沒有
本階級獨掌政權的願望和勇氣，這就是梁啟超堅決反對「共和專制」
的實質所在，也是他與革命派在共和國問題上分歧的焦點。

---

30 《開明專制論》，《飲冰室合集·文集》之十七，頁72。

31 《申論種族革命與政治革命之得失》，《飲冰室合集·文集》之十九，頁14。

32 《開明專制論》，《飲冰室合集·文集》之十七，頁73、72。

33 同上書，頁75。

（三）主張實行更為消極的「開明專制」

梁啟超是抱著極力抵制民主共和的態度來與革命派論戰的，偏執的心理使他在消極的道路上越滑越遠。他認為當時中國不僅共和立憲「萬不能行」，就是君主立憲亦由於「人民程度未及格」和「施政機關未整備」而「尚未能行」，惟一能行之事只是「以開明專制為立憲制之預備」。[34]他寫了洋洋數萬言的《開明專制論》一文，給出了一個更為突出地表現資產階級改良派消極、軟弱、落後一面的思想理論標本。

梁啟超對「開明專制」所下的基本定義有兩條：（1）它是專制的。統治者「能以自然人之資格，超然立於被制地位以外」，「不為被制」，「必能任意自伸其權力於無限」，「專斷以規定國家機關之行動」。（2）它又是開明的。專制者不可「以能專制之主體的利益為標準」，而必須「以所專制之客體的利益為標準」，否則便不是「開明專制」，而是「野蠻專制」。所謂「客體」，這裏是指「法人之國家」和「人民」。[35]兩條定義合起來便成為「開明專制」的概念。這個概念頗能揭示「開明專制」論向封建統治者實行徹底妥協的實質。首先，「開明專制」置統治者於不受任何限制、監督的神聖地位，其統治大權根本不受任何觸動。國民不要說推翻專制統治者，連改良專制統治也是不可能的。其次，「開明專制」雖然有別於「野蠻專制」即封建專制主義，仍具有一定的資產階級改良性質，但已經相當微弱，專制能否「開明」和怎樣「開明」完全取決於作為統治者的主體，而與作為被統治者的「客體」無關。梁啟超把專制統治大權原封不動地奉獻給封建統治階級，然後幻想聖君賢相出，迅速地挽救國家的危亡衰敗

34　《開明專制論》，《飲冰室合集·文集》之十七，頁77、81、50。
35　同上書，頁19、22-23。

動亂，英明地保護絕無造反之心且與造反勢不兩立的資產階級改良派的利益。梁啟超的這種倒退的政治態度，甚至在戊戌時期維新派的水準之下。

「開明專制論」既然無限擴張專制統治者的權力，就不能不極力縮小乃至取消國民的自由權利。梁啟超闡明開明專制的「立制之精神」就在於「內而調和競爭」，「外而助長競爭」。其具體體現是：由專制統治者「正定各個人之自由範圍，使有所限而不致生衝突」，在此限制之下，「仍使之綽綽然有自由競爭之餘地，而不妨害其正當的競爭」。在這裏，所謂「自由競爭」不過是專制的附屬品。如果在「國家自衛所萬不容已」的情況下，則可以剝奪被統治者「自由之大部分乃至全部分」。按照此立制之精神，他已閉口不談國民的權利自由，不談「新民」以促成國民的解放，而是強調國民「萬不能遽有享受自由之資格」，相反只應該以「開明專制」來「強制」其建立「秩序」，以「開明專制」來「矯正」國民對於國家的「淺薄」之關係。[36] 表面上看，梁啟超所談的是一般的國家與人民的關係，所強調的是國家利益與人民利益的一致。可是，當時中國只存在中世紀式的由封建王朝所代表的專制主義國家，即使就「對外競爭」而言，這個國家由於其極為腐朽，也無法表現出與民族和人民利益的一致。離開推翻封建王朝的根本任務所發的任何關於維護「國家」權力利益的高論，其客觀上都不可能不起到維護清朝統治的作用。

在鼓吹「開明專制」之時，梁啟超並未忘記君主立憲的政治目的。他多次說明依賴於聖君賢相的「開明專制」「不能常」[37]，「開明專制」的時代不宜太長，它只是「立憲之過渡」、「立憲之預備」[38]。

---

36 《開明專制論》，《飲冰室合集・文集》之十七，頁21、37-38。

37 《中國法理學發達史論》，《飲冰室合集・文集》之十五，頁75。

38 《開明專制論》，《飲冰室合集・文集》之十七，頁38-39。

對於「開明專制」本身，他所著眼的也只是其適用，而不是其優劣。但是，既然將立足點放在「開明專制」之上，那麼除了說明梁啟超實際上放棄了參與政權的政治要求，將一切幻想寄託於封建統治者的恩賜之外，不能說明其它更多的東西。所謂「過渡」和「預備」，在「開明專制」下，實際上已經變成了封建統治者的事。所謂「開明專制」「最適用」於中國國情，只是梁啟超的一廂情願和異想天開，它其實只是「最適用」於在思想理論上反對民主共和革命的需要。

在理論依據上，「開明專制」論是一大雜拌。梁啟超為了增加自己理論的可信程度，不惜求助於形形色色的以專制主義為宗旨和特色的理論，其中不少是他曾經批判過、否定過的理論觀點。他大力發掘儒家「保民而王」、墨家「尚同」「尚賢」、法家尊君崇法等思想中的「開明專制之原理」，熱情讚美從亞里斯多德、麥加比裏、波丹到霍布斯、倭兒弗等人的「理想王政」主義、君權主義、國家主義，還從19世紀以來西方資產階級維護鞏固本階級統治的學說（稱之為「變相的開明專制論」）中，找到了與維護封建統治秩序相一致的共同點。他雖然承認自洛克以來，所謂「開明專制主義」已被「自由主義」所取代，兩百年間為學界所摒棄，自今以往，所謂「純粹之開明專制論」亦將「絕跡」，但他相信「變相的開明專制論」正方興未艾，專制主義比自由主義會更「受歡迎於社會」。[39]從一定意義上說，梁啟超的這一結論並無大錯，由資本主義進入到帝國主義的西方資產階級需要用「開明專制」來加強自己的統治，而面臨巨大革命危機的中國君主立憲派亦需要用「開明專制」來抵製革命浪潮的衝擊。但這個事實，只能充分說明中國資產階級改良派的軟弱性和妥協性，說明政治上的倒退必然導致理論上的倒退，這也是某些資產階級的「新學」終

---

39 同上書，頁29-30。

究會在封建主義的舊學面前打敗仗的一個重要原因。

　　「開明專制」論是梁啟超君主立憲思想的最低點，它以露骨的荒謬生動地表明，當資產階級改良派受到革命民主主義運動和下層勞動群眾革命鬥爭的衝擊之時，它在思想理論上可以倒退得有多遠。「開明專制」論刊出後，應者寥寥。革命派固然對其猛烈抨擊，連熱心君主立憲的楊度雖欲苦心「迴護」，「然於開明專制則不敢提一字」[40]。梁啟超本人在《開明專制論》發表數月之後，也在一封私人通信中承認，「開明專制」論是「有所激而言」的「極端」提法[41]。

三　固守底線：堅持向清廷求立憲

　　梁啟超的君主立憲思想之所以大踏步後退，是因為在他前面出現了革命派及其革命民主主義這一「敵人」。但他的後退又不能不是有限度的，因為在他後面還站著死守封建專制的清朝政府。作為資產階級改良派的思想代表，梁啟超這一時期也仍然具有兩重性，雖然其反封建專制的一面已遠遠不像原先那麼鮮明。他把與革命黨「死戰」作為「第一義」，同時認為與清朝政府「死戰」亦是「今日萬不可緩之著也」。[42]他主觀上對清朝抱著極大的幻想，但現實的事變又不斷將其幻想無情地打破。在此矛盾重重的情況之下，這一時期梁啟超君憲思想於全面倒退之中，也表現出某些積極因素和某些進展。

（一）以君主立憲為中心，申述了「政治革命」的思想

　　梁啟超所說的「政治革命」，其含義是「革專制而成立憲」，「無

40　《致卓如我兄足下書》，丁文江、趙豐田編：《梁啟超年譜長編》，頁403。

41　《致蔣觀雲書》，丁文江、趙豐田編：《梁啟超年譜長編》，頁366。

42　《與夫子大人書》，丁文江、趙豐田編：《梁啟超年譜長編》，頁373。

論為君主立憲,為共和立憲,皆謂之政治革命」。[43]但他實際上是反對共和立憲的,所以又說:「吾所下政治革命之定義,謂革君主專制而為君主立憲也。」[44]像以這樣明確的語言將「立憲」與「專制」對立起來,闡明「革君主專制」是立憲的根本使命,在他以前的文字中是不多見的。他給君主立憲確定的內涵是:「君主應於人民之要求,而規定國家機關之行動及人民對於國家之權利義務者也。」他強調,起決定作用的應該是國民,而不是君主。立憲應該完全是國民自身的事,其動機應發自國民,而君主只是受動者。立憲的內容應根據國民的要求而確定,立憲的權力在國民自己手裏,「立憲之幾,恒不在君主而在人民。但使其人民有立憲之智識,有立憲之能力,而發表立憲之志願,則無論為如何之君主,而遂必歸於立憲」。[45]這實際上就是上一時期「苟有新民何患無新制度,無新政府,無新國家」思想的翻版和具體化[46],表現了資產階級改良派日漸明確、日漸增長的階級意識。

從國民是立憲的主動者和決定者的認識出發,梁啟超著重闡述了實現立憲的實際途徑和實際行動問題。他所最重視的是所謂「人民之要求」,認為「人民之求立憲,實能立憲之最高原因也」,「要求必能達政治革命之目的,且非要求萬不能達政治革命之目的。是要求者,實政治革命惟一之手段也」。中國今日所最要之事,就在於使「一國中大多數人」首先是「中等社會」「知立憲希望立憲,且相率以要求立憲」。「要求」的具體表現形式有兩種,一是類似英國「權利請願運動」的政治鬥爭,二是以「不納租稅」等為武器的經濟鬥爭。這是所

43 《申論種族革命與政治革命之得失》,《飲冰室合集‧文集》之十九,頁4。
44 《答某報第四號對於〈新民叢報〉之駁論》,《飲冰室合集‧文集》之十八,頁91-92。
45 《申論種族革命與政治革命之得失》,《飲冰室合集‧文集》之十九,頁39、37、27。
46 《新民說》,《飲冰室合集‧專集》之四,頁2。

謂「正當之手段」、「正當之武器」。此外，還有作為「濟變之手段」和「最後之武器」的俄國虛無黨式的暗殺。[47]把國民的普遍「要求」作為爭取立憲的惟一途徑，其意義在於使以立憲為中心的「政治革命」變成廣泛的國民運動，這既是梁啟超從比較純粹的思想理論宣傳轉入立憲政治實踐的標誌，又是立憲運動即將正式興起的先聲。為了促進國民運動的到來，梁啟超還提出了利用清廷詔旨，組織合法政黨，以團結中等社會和鍛鍊國民能力的重要設想。

當然，應該指出，梁啟超所謂的「政治革命」，是以反對用暴力推翻清朝，反對革命派的共和主張為前提的。他視為惟一正當手段的所謂「要求」，是在封建統治者面前低聲下氣、「含垢忍痛」[48]地哀請，充滿了對於君主的幻想和癡情。所謂「政治革命」，不過是政治改良而已。它對君主立憲思想本身雖有某些發展，但對於革命民主主義來說，則仍存顯相牴牾之處。

（二）揭露清政府在預備立憲問題上的敷衍和欺騙

清廷的預備立憲是在迅速高漲的革命形勢的逼迫和日益強烈的立憲呼聲的催促下陸續開場的。雖然它自始就與資產階級的立憲政治判然有別，但對於以立憲為理想、對清朝抱幻想的資產階級改良派來說，它卻是一支強勁的興奮劑。梁啟超起初和國內其它資產階級改良派代表人物一樣，對清朝預備立憲表示熱烈歡迎並寄予厚望。1905年，他為到日本考察憲政的清朝大臣端方代草考察憲政、奏請立憲、赦免黨人、請定國是一類的奏摺，「逾二十餘萬言」[49]。1906年9月，

---

47 《申論種族革命與政治革命之得失》，《飲冰室合集・文集》之十九，頁28、42、38、41。

48 同上書，頁43。

49 丁文江、趙豐田編：《梁啟超年譜長編》，頁353。

清朝「預備仿行憲政」的上諭頒佈後，梁啟超天真地以為「從此政治
革命問題可告一段落。此後所當研究者，即在此過渡時代之條理何
如」[50]。然而，清朝的所謂預備立憲很快就表露出甚缺政治革新的誠
意，仍期加固中央集權統治的本相，這不能不使梁啟超深感不滿。他
撰文斥責清朝對預備立憲的拖延和虛假：「其論文中既未指定立憲之
期限，又未明言預備之條理。且自宣佈以後，殆將一月，而政府所以
為預備之著手者，無一可見，惟反動之報，日有所聞。」[51]抨擊清朝
作為預備立憲入手之著的「改革官制」，不過「徒為權位之爭奪，勢
力之傾軋，借許可權之說以為擠排異己之具，借新缺之立以為位置私
人之途。賄賂公行，朋黨各樹，而庶政不舉，對外之不競，視前此且
更甚」。[52]儘管如此，梁啟超仍然不表「失望」，相信只要改良派竭誠
努力，組織政黨，「多負責任」，練成「國民改革之能力」，就能夠促
使清朝立憲[53]，說明他對封建統治者的政治改革還是心存幻想。

(三) 繼續站在資產階級的立場上批判清朝政府的腐敗統治

這一時期梁啟超由於將矛頭主要對準革命派，對清朝的批判大為
減少。不過，他並未置清朝的腐敗於不顧，仍時有批判的文字發表，
並且不改其犀利之風。1906年10月刊登於《新民叢報》上的《現政府
與革命黨》一文就是很好的代表。該文論述清政府與革命派之間的關
係，著力鞭撻了清朝歷來的和現實的腐敗統治。他將清朝的腐敗統治

---

50 《致蔣觀雲先生書》，丁文江、趙豐田編：《梁啟超年譜長編》，頁365。

51 《日本預備立憲時代之人民》，《〈飲冰室合集〉集外文》上冊（北京市：北京大學
出版社，2005年），頁363。

52 《現政府與革命黨》，《飲冰室合集・文集》之十九，頁48。

53 《致觀雲先生書》，丁文江、趙豐田編：《梁啟超年譜長編》，頁368-369。

歸結為兩點：一是政治腐敗，二是民族壓迫。指出這兩種腐敗「舊現象」都根植於「數百年以前」，而現政府不僅「襲受」和「維持」此舊現象不改，極力加以保存，而且有過之而無不及，通過所謂「新官制改革」和「捕殺革命黨」，在舊的腐敗之上又增加了新的腐敗，使腐敗「視前此且更甚焉」。革命黨的產生，革命論的盛行，革命運動的興起，就是由於清朝的腐敗統治所造成的，其中政治腐敗是主要原因，民族壓迫是次要原因，而國民強烈的民族情緒又在很大程度上是由於政治因素所引起的。他寫道：「現政府者，製造革命黨之一大工廠也」，國民與政府為仇，實由於「政府有逼之使不得不相仇者耳」，「絕非……一二煽動家所能為力」。因此，他認為，如果說革命黨有罪，那麼「現政府當科首罪」，而革命黨「僅當科從罪」，而且「現政府不可不為革命黨受過。……革命黨亡國之罪一，而現政府亡國之罪二」。[54]梁啟超將革命黨和革命運動的出現歸結為清朝的腐敗統治，雖未抓住問題的根本，但畢竟指出了革命之所以發生的一個重要的客觀原因，對清朝是一種直接的抨擊，對革命則不妨視為作了某種並非情願的辯解。梁啟超儘管非常不滿於清朝的腐敗統治，卻並不主張以革命推翻這一統治。他將清朝喻為「不潔之人」，而將革命喻為不潔所生之「蟣虱」，其目的是希望清朝能夠自己「沐潔更衣」，從而使「蟣虱」沒有「發生之餘地」。[55]他對腐敗的清朝仍然抱著極大的幻想，而對向腐敗王朝宣戰的革命黨深懷恐懼。

　　總之，1903~1907年是梁啟超君憲思想全面倒退的時期。梁啟超及其所代表的資產階級改良派將革命派當做主要的敵人，進行了一場時間長、規模大、程度激烈的論戰。在這場大論戰中，君主立憲思想

---

54 《現政府與革命黨》，《飲冰室合集・文集》之十九，頁45-51。
55 同上書，頁50。

對專制統治者嚴重妥協的一面得到充分暴露，在蓬勃興起的革命民主主義思潮面前，君憲思想日益顯得蒼白無力、明顯落後。它已不可能代表中國社會前進的方向，其曾經有過的進步思想主流地位不得不因為自己的倒退而讓位於革命民主主義。不過，由於階級屬性和政治形勢的制約，其君憲思想還並未蛻變為反動思潮，它仍然作為帶有一定進步性的政治思想支流而存在，並在相當一部分人們（主要是資產階級改良派）身上發生程度不同的積極影響，起著反對封建專制主義的作用。這一點是需要加以肯定的。

1907~1911 年間梁啟超君主立憲思想的成熟與轉向

一 立憲運動興起與「國民政治」論的提出

革命派與改良派的論戰從1905年持續到1907年初。劃清革命民主主義與改良思想的界限，闡明各自的綱領、主義和行動路線，爭取輿論，獲得人心，重新結集隊伍，論戰的這些基本目的已經達到。論戰是民族資產階級內部兩大派別的思想理論鬥爭，當這場鬥爭因目的已達而告一段落之後，兩派的活動重點不能不轉向怎樣按照各自的理論和路線，來對付民族資產階級兩派共同的敵人——清朝專制統治者。

在革命派更加積極地進行革命組織活動和軍事活動的同時，改良派亦按照君主立憲的政治路線，「以全力對待政府」[1]。這時，君主立憲從思想理論宣傳轉變為實際運動的條件已經成熟。以清朝預備立憲上論為契機，已經蓄積了相當經濟力量和社會力量的民族資產階級上層在政治行動上顯得十分活躍起來。在國內，張謇、湯壽潛、鄭孝胥等聯合江蘇、浙江、福建三省商學兩界兩百多人在上海成立了預備立憲公會；在國外，康有為宣佈將保皇會改組為中華帝國憲政會，梁啟超在日本東京組織了具有資產階級政黨規模的政聞社。此外，湖北的憲政籌備會、湖南的憲政公會、廣東的自治會等相繼成立。這些團體的共同宗旨是擁護清政府預備立憲，「勸告」和「要求」其加快立憲

1　《與南海夫子大人書》，丁文江、趙豐田編：《梁啟超年譜長編》，頁409。

步伐,堅決反對革命。這些政治團體的組成和立憲運動的興起,就使原來的資產階級改良派變成了資產階級立憲派,這一變化標誌著民族資產階級上層政治上組織上的正式獨立和真正壯大。

梁啟超仍然是立憲派在思想理論上的主要代表。與實際發動立憲運動的需要相一致,梁啟超這時已完全放棄了「開明專制」的消極主張,轉而更加重視立憲派自身力量的集結和國民的發動,將立憲論與曾經力倡的「新民」論結合在一起,進一步發展為國民政治(或國民憲政)思想。這一思想在《政聞社宣言》一文中得到充分的體現。

梁啟超在該文中指出:「所謂改造政府,所謂反對專制,申言之,則不外求立憲政治而已。立憲政治非他,即國民政治之謂也。」所謂國民政治,其根本之義就在於「實行國會制度,建設國民政府」以「脫於專制」。國會由「國民所選舉」,政府通過對國會負責而對全體國民負責任,從而成為「國民的政府」。國家雖仍以君主作為「國本」,但政府已不對君主負責。[2] 顯然,這個政府從內容到形式都完全是資產階級式的。

但是,怎樣拔除現政府的「惡根」,著手建立新型的「良政府」呢?他認為,首先,現政府作為「被改造之客體,則不能同時認之為能改造之主體」,因而「不能自改造」。其次,立憲政治既然以政府對國民負責任,而君主無責任為原則,那麼,也不能將改造政府之事「責望」於君主的英明和「一二有力之大吏」的睿智。在這裏,梁啟超似乎在進行一種簡單的推理,實際上則是對以往改良活動的經歷作了一個不算深刻但已有進步的小結。既然「現政府」和「聖君賢相」都不可能指望,那麼,立憲政治的建立勢必只能「在國民也已矣」。[3]

2　《政聞社宣言書》,《飲冰室合集・文集》之二十,頁23、25。

3　同上書,頁19、20。

　　與1902年《新民說》一文中「耗矣哀哉，吾中國人之無國家思想也」[4]的悲觀情緒和1906年初《申論種族革命與政治革命之得失》一文中認為對立憲政治「能要求肯要求者，舉國中竟無其人也」[5]的估計截然不同，梁啟超這時已相信「吾黨同人，誠有反對專制政體之意思，而必欲為正式的表示，而又信我國民中其同有此意思同欲為正式的表示者，大不乏人」，只是還未找到恰當的方式結成有力的政治團體。這並非空洞的信念，而是對日漸擴大的民族資產階級力量的確切反映。根據這種信念，他明確提出要組織以「喚起一般國民政治上之熱心」，「增進一般國民政治上之智識」，訓練和養成國民「政治上之能力」為目的的「政治團體」，發動「極盛」的「國民運動」，對君主和政府造成「洶洶要脅」相逼的強大輿論壓力。通過這種鬥爭，做到最終成立起「國民的政府」，「於政治上減殺君權之一部分而以公諸民也」。在這個政府中，國民的政治團體或「直接而自起以當政局」，或「間接而與當局者提攜」。[6]在未來的立憲國家中，要麼由資產階級上層獨握政柄，要麼實行資產階級與地主階級的聯合專政，這種最根本的政治意圖已經毫不含糊、直言不諱地表述出來了。

　　對「國民政治」的熱望還促使梁啟超大幅修改了過去一直堅持的「國民資格」論。他雖仍然強調國民必須具備政治熱情、政治常識、政治能力三種資格，「然後立憲政治乃能化成」，反對「高談立憲，而於國民程度，不一屑意」；但又認為，「必先建設立憲政治，然後國民此三種資格乃能進步。謂國民程度不足，坐待其足然後立憲者妄也」[7]。這樣，就把立憲和提高國民程度看做了同一過程中互相依賴

4　《新民說》，《飲冰室合集·專集》之四，頁18。

5　《申論種族革命與政治革命之得失》，《飲冰室合集·文集》之十九，頁43。

6　《政聞社宣言書》，《飲冰室合集·文集》之二十，頁23、24、21。

7　同上書，頁23。

和互相促進的兩個方面，比起原來先要國民具備政治資格，然後才可考慮改造政府的認識相比，無疑是一個積極的發展。

然而，梁啟超的「國民政治」思想有一個致命的弱點，就是仍然斬斷不了君權的羈絆。無論他關於國民的作用說了多少似乎鏗鏘有力的話語，但在他那裏，國民歸根結底必須也只能通過君主而發生作用。他並不主張「國民政治」的潮流自己奔騰沖刷出新的歷史河道，而是小心翼翼地導引這股流水去開啟君主那道早已鏽死的閘門。他一面幻想在腐敗的「現政府」之外還另有一個威權存在，「急欲得良政府」而「苦於不識所以得良政府之途」的君主，幻想通過興起國民運動而促使君主「毅然改造政府」；一面赤誠地向現政府表白：立憲派「所執之方法，常以秩序的行動，為正當之要求。其對於皇室，絕無干犯尊嚴之心；其對於國家，絕無擾紊治安之舉」。[8]他渴望和鼓動民族資產階級投入實際運動，但一開始就嚴格劃出了與革命運動的界限，這就清楚地預示著立憲運動仍然只能是一個妥協和軟弱的資產階級改良運動。

二 作為基本理論的「國家統治主體」說

作為資產階級的改良運動，立憲運動在許多方面似乎重現了當年戊戌維新的歷史場景。但是，它畢竟不是對過去的簡單重複，而是在新的高度上的積極發展。它已具有堅實得多的經濟基礎和社會基礎，公開組織了大批初具政黨性質的政治團體，正式提出了明確表達本階級意志的政治綱領。它已經不是一個還處於轉化中的資產階級的愛國救亡和政治改革並重的運動，而是一個相對獨立和成熟的民族資產階

8　《政聞社宣言書》，《飲冰室合集‧文集》之二十，頁23。

級上層正式向封建統治者要求參政的運動。因此，這個運動能夠表現出原來所沒有的廣度和深度。各省普遍成立的立憲團體相互聯絡，聯合行動；立憲黨人利用清朝上諭，通過成立和把持各省諮議局，取得了「國民代表」資格和合法的政治地位，在地方上打下了一定的政治實力基礎；以「速開國會」為宗旨，立憲派多次發動了具有全國規模的國會請願運動；在清廷對於立憲要求的拒絕、壓制、禁止等面前，立憲派已不是只能消極地承受和退讓，而是有可能進行積極的反抗和鬥爭——所有這些，不能不對這一時期的君憲思想的變化發生很大的影響。

立憲運動興起之前，君憲思想曾經長期做過它的先導；立憲運動興起之後，君憲思想立即與立憲運動結合在一起，從中獲得了新的活力，找到真正名副其實的基礎，並且最後從理論上成熟起來。這一時期，梁啟超成了公認的憲政理論權威。他一方面通過創建政聞社積極參加立憲運動的鬥爭實踐，另一方面又進一步對憲政制度的理論進行系統深入的闡發，使之成為立憲運動的依據和指標。其特點主要是試圖運用憲政理論來解答在中國建立憲政的種種實際政治問題。在這種努力中，君憲思想一方面進一步發揮了它反對封建專制主義的資產階級民主原則，同時也表明它仍然無力擺脫對於封建統治階級的嚴重依賴性。梁啟超君憲思想的成熟和完善在某種程度上也意味著其固有的兩重性的成熟和完善。

梁啟超君憲思想的基本理論是國家統治主體說。這一理論淵源於其曾經鼓吹過的伯倫知理的國家學說（「國家有機體」說和「國家主權」說），但已有所變化。它在內容上綜採西方資產階級的學理，使之成為更好地為建立君憲制度服務的政治理論。這一理論將國家抽象為人格化的「統治權之主體」，也就是法律上所謂「法人」，賦予國家

以獨立的目的、意志、行為和主權[9]，置國家以「超然立於君主與人民之上而自為一體」[10]的地位。這一觀點抓住並發揮了國家凌駕於社會之上的表面特徵，但完全忽略了國家的階級實質。既然國家是獨立的主體，梁啟超就以此一方面駁斥封建專制主義的「君國同體之說」、「認國家為君主一人之私產」、「謂國家最大之目的，在於擁護君位」等「悖謬」之論；另一方面，用以批評十八九世紀之交歐洲學者所樂道的「積民成國之說」，指出盧梭、孟德斯鳩諸哲「認國家為人民之公產，謂國家最大之目的，在於使人民得其所欲」的說法和邊沁、斯賓塞等人「以最大多數之利益為標準」的說法都只「含有一面真理」而「不足取」。[11]從資產階級國家理論的角度來看，國家統治主體說顯然更加精細，但在反對封建專制主義的精神方面，梁啟超卻遠遠不像他的西方資產階級前輩那樣具有充當全體國民代表的勇氣。

以國家統治主體論作為基礎，梁啟超進一步推導出其它憲政理論觀點。

其一是「國家機關」說。國家雖然是獨立主體，但只是「法人」意義上的主體，因而它不能像自然人那樣自我表達意志、行使權力等，而必須通過國家機關來行動。國家機關包括君主、國家元首、大小官吏、國會、行選舉權之公民等，它們之間雖依法律意義有直接機關和間接機關之分，但作為國家機關，它們在法律上「皆無人格而不得為權利義務之主體」，不過是「供國家使用之一器具」[12]，不是為自己而是「實為國家而行動」[13]。「國家機關」說在抽象意義上否定了君

9 《中國國會制度私議》，《飲冰室合集‧文集》之二十四，頁2-3。

10 《憲政淺說》，《飲冰室合集‧文集》之二十三，頁34。

11 同上書，頁32、43。

12 同上書，頁36。

13 《中國國會制度私議》，《飲冰室合集‧文集》之二十四，頁3。

權對國家的統治，等同了君權與民權，使其同樣隸屬於「國權」，同時卻又混淆了君權與民權的根本對立。其要害在於否認君主是封建統治階級的最高代表，未能認識到資產階級不展開強大的鬥爭和真正掌握國家實權，專制君主就不可能變為立憲君主，尤其是在中國，在民族資產階級力量弱小的情況下，想通過變君主為國家直接機關之一的道路而達到立憲的目的，是完全不可能行得通的。

其二是「國權限制」說。既然國家通過諸種「機關」來行動，因此國家性質也就被抽象為按照國家機關行使權力的情況來確定。根據這種抽象的劃分，立憲與專制的區別，「不在乎國體之為君主民主，而在乎國權行使之有無限制」。如果國家「僅有一直接機關，而行使國權絕無制限者，謂之專制政體」，如果國家「有兩直接機關，而行使國權互相制限者，謂之立憲政體」[14]，「專制國之機關，以惟一之系統而成立。立憲國之機關，則於此系統更有其獨立之別系統焉」[15]，因而立憲也就是要限制君權，要使代表國民利益的國會成為與君主同等地位的國家直接機關，成為與君主對立的「獨立之別系統」。這樣，君主國與立憲國作為「國家」而相等，君主與國會作為「國家機關」而無別，專制君權就不是在本質上與國民利益絕不相容，而只是作為惟一的國家直接機關顯得有些專斷，立憲就不是要取代君權，而只是限制君權，在君權之外再加上一個叫做「國會」的國家直接機關。這種「法理」從根本上混淆了國家的階級性質和政治性質，剩下的只是淺薄的形式上的區分。梁啟超完全不敢正視這樣一個事實：在君主國被立憲國取代之前，君主從來就不會是所謂「國家的直接機關」，而在立憲國真正建立之後，君主實際上又不能是「國家的直接

14 《憲政淺說》，《飲冰室合集·文集》之二十三，頁38。
15 《責任內閣釋義》，《飲冰室合集·文集》之二十七，頁15。

機關」。所以，他在談到立憲政體下君主和國會「兩直接機關對峙而
各行其政」時，雖然強調的是國會的立法權、國務大臣的行政權、獨
立審判廳的司法權，從而實際架空了君主這一國家「直接機關」的權
力，但他還是要堅持「統治權之體不可分」，堅持「三權之體，皆筦
於君主」[16]，不肯放棄「國會與君主共同組織大權機關」這一無論在
英國還是在其它君主立憲國都有名無實的「法理」[17]。之所以如此，
主要還不是怕過分刺激封建統治階級，而是自然地表現了梁啟超所代
表的民族資產階級上層既想參與國家政權而又不敢與整個封建統治階
級對抗的心理。

其三是政治調和說。梁啟超從法理上談論國家時雖然盡可以十分
抽象，一旦從政治上觀察國家，則不能不變得相當具體。他認識到，
「國家者，實政治勢力競爭之成果也」，國家形成之後，各種勢力的
競爭不但沒有「減殺」，而且更加「激烈」，「中外古今萬國數千年之
歷史，舍政權競爭外，復有何事實」。將政治勢力的競爭看做國家存
在和發展的基礎，其中含有合理的認識因素。但他不能把握這種競爭
往往不可調和的階級鬥爭性質，自覺地將國家作為實現本階級統治權
的武器，而是極力強調國家的調和作用，將「以獎勵競爭之形式，行
調和競爭之精神」說成是立憲論產生的原因。他主張立憲國家中國會
勢力與君主勢力之間的調和，「劣弱之階級」與「憂強之階級」之間
的調和，國家全體利益與國民個人利益之間的調和。[18]這種調和論，
特色鮮明地表現了民族資產階級上層堅守改良的政治立場。

以國家統治主體論為中心的憲政理論的建立，標誌著梁啟超君主
立憲理論的成熟。通過這一理論，民族資產階級上層找到了適合自己

---

16 《憲政淺說》，《飲冰室合集・文集》之二十三，頁39-40。
17 《中國國會制度私議》，《飲冰室合集・文集》之二十四，頁5。
18 《憲政淺說》，《飲冰室合集・文集》之二十三，頁7、8、9、42、44。

兩重性的比較完美的表達方式。它一方面要反對封建專制主義統治，但害怕西方盧梭式的激進的革命民主主義；另一方面它極力謀求與封建統治階級的妥協，但又厭惡早已不合時宜的君主專制主義以及聖君賢相主義。這樣，以抽象和調和為兩大特色的國家統治主體論就恰好符合了他們的需要。正如民族資產階級上層的兩重性是互相矛盾的一樣，具有兩重性的國家統治主體論也是充滿矛盾的。這一矛盾無法通過理論本身的發展來克服，而只能通過階級鬥爭客觀形勢的變化來解決（這一點後文將會論及）。

三　對國會、責任內閣和政黨的論述

以國家統治主體論作為理論基礎，梁啟超進一步論述和發揮了關於國會、責任內閣和政黨等重要憲政問題的設想。這些設想同樣體現出立憲派既要反對封建專制而又很不徹底的改良立場。

（一）關於國會

國會是立憲派最為重視的憲政制度。要求「速開國會」是立憲運動的中心內容，也是民族資產階級上層與封建統治階級實際開展政治鬥爭的主要武器。適應立憲運動的需要，梁啟超詳細考察了歐美及日本國會制度的異同利弊，結合中國國情，從性質、組織、職權三大方面對國會問題進行了系統的研究和論述，規劃出一個中國式的君憲國會制的理想方案。

關於國會的性質，他認為一個民選的、具有「圓滿」權力的國會存在是國家立憲與否的根本標誌。[19]從法律上說，國會在於「為制限

---

19 《憲政淺說》，《飲冰室合集・文集》之二十三，頁39。

機關以與主動機關相對峙」；從政治上說，國會在於「代表全國人民各方面之勢力」，表達「國民全體之意思」以作為「國家意思」[20]，從而規定了國會是「民權」和「民意」的代表。

　　關於國會的組織，他主張實行「左右兩院制」。其最重要的原因是為了尋求對於封建統治階級的妥協。「左院」在很大程度上就是為了給最正宗的封建勢力尋得一處永久的庇護之地。按他的規定，清朝「成年之貝子以上」的皇室成員，有「當然為左院議員之權利」，這一權利為憲法所規定而世代相襲，以使皇族議員能在國會中代表封建貴族這一「歷史上傳來之特別階級」。除了皇族議員外，組成左院的還有代表各省的議員，代表「天然之特別階級」（即才能學識「憂出於」常人的社會賢才）的敕選議員，以及蒙藏議員等。在此多種政治勢力中，他指出「應以代表各省之議員為中堅者」[21]，而這些議員均由省議員和省教育總會、總商會等民間團體推選，勢必為地方上的開明士紳和資產階級上層分子，這樣，又強調了左院中民族資產階級上層的領導權。而「右院」則應「平等以代表全國國民，故必以人民所選舉之議員組織而成」，這是組成右院的「惟一之原則」。對於右院的選舉，他反對制限選舉，主張實行普通選舉，對階級制限、財產製限和教育程度制限等均作了批判。他認為人民參政為「當然之權利」，立憲之「本意」應該是「多數國民」之政治，而不應是「少數政治」，因而不能以種種理由加以限制。同時，反對制限選舉、主張實行普通選舉也是為了防止清朝政府將制限作為反對速開國會的「藉口」，減少國會成立之「阻力」，以盡快使國會的建立成為現實。但是，梁啟超的普選制思想又有很大的局限性，如剝奪婦女的選舉權，

<hr>

20　《中國國會制度私議》，《飲冰室合集‧文集》之二十四，頁7、9、11。
21　《中國國會制度私議》，《飲冰室合集‧文集》之二十四，頁33、22、34。

實行複數投票制（「凡有科第官職及學堂畢業文憑者，得有投兩票之權」）和間接選舉制（「由有選舉權之人民，選出選舉人，再由選舉人選出議員」）等。他對普選制下國民的「智識能力」總有「缺乏之感」，因而力圖通過某些方法以「略矯此弊」。[22]

關於國會的職權，他所談及的主要有立法權、糾察行政權、監督財政權、監視外交權等。由於專論國會問題的《中國國會制度私議》全文未完，梁啟超僅對國會的立法權作了詳細的論述。

他將立法權分為「參與改正憲法」和「參與普通立法」兩大項。對於前項，他認為「憲法為組織國家之基礎法」，改正憲法關係到搖動國家之基礎和「握有國家之主權」，根據國家統治主體論，此權只能屬於「國家自身」，而「以機關行之」。按照立憲精神，則不能由一個機關獨行，而必須由兩機關以上聯合行之，「分勞赴功，通力合作」。所謂兩機關，也就是國會和君主。具體來說，就是憲法「改正案之提議」權分界於君主和國會兩院，憲法「改正案之議決」權由「新舊兩議會」掌握，作為平衡和補償，憲法「改正案之裁可」權則歸之於君主。既不可太重君主，又不可太重國會，最好的辦法是君權與民權之間實行妥協和調和，這就是梁啟超在改正憲法問題上表現出來的改良態度。對於後項，他同樣主張君權和國會之間的妥協和調和。一方面，「凡名為法律者，皆須經國會之議決」。另一方面，「凡以法律之形式發佈者，必須君主與國會共行之」；君主既可以「命令權」對國會立法權加以「消極的限制」（即不確定的、有伸縮性的限制），而又不可有「獨立命令權」，其命令權必須「以執行法律或法律所委任為界，故其淵源實在法律」。[23]既用國會限制君主，又用君主限

<hr />

22 同上書，頁41、53、57、58-59、63、73、75。

23 《中國國會制度私議》，《飲冰室合集·文集》之二十四，頁120-126、127、135、136、147。

制國會,這就是與封建統治者既相矛盾又有密切聯繫的民族資產階級上層的心理。

梁啟超還進一步論及國會職權與憲法條文規定和國民意識能力的關係問題,認為國會職權的廣狹強弱,並不取決於憲法條文上規定如何,而取決於一個國家「政治上之沿革,事實上之發達」如何。他提出「國會者,國民意識能力之返影也」。將國民意識能力的強弱視為國會能否行使和發展自身許可權的關鍵因素,認識到「政治者,活力也。實權之消長,恒視實力以盾乎其後」,期望國民「養正當之實力」,以「得正當之實權」。[24]有「實力」才能有「實權」,有發達的國民意識能力才會有名副其實的國會,這是梁啟超從長期實際經歷和理論探索中得出的一個積極結論。

梁啟超對於國會的一系列論述,在許多方面堅持和發揮了資產階級的民主原則,表達了資產階級的政治理想,主要傾向是反對封建專制主義的。但是,他對國會的整個設計是建立在清廷預備立憲能夠實現的基礎之上的,而這是一個極不牢靠的基礎。這就決定了他的設計最終只能流於改良式的空想,他所作的設計越詳盡完備,與現實之間的距離就拉開得越遠。

(二)關於責任內閣

建設責任政府亦是立憲派非常重視的憲政問題。1907年的《政聞社宣言書》將建設責任政府和實行國會制度列為立憲派的首條政治綱領,並規定責任政府成立的原則是:君主無責任,政府大臣代負其責;責任政府對於國會負責。[25]

---

24 同上書,頁113-115。
25 《政聞社宣言書》,《飲冰室合集‧文集》之二十,頁25。

　　1910年清廷下詔成立責任內閣之後，梁啟超懷著期待立憲政治之重要機關名副其實建成的心情，寫了《責任內閣釋義》一文，頗為具體地考察各國內閣源流，闡述內閣的組織之法。該文寫成兩章之後，便有「皇族內閣」制的出臺，這使梁啟超深感失望，看出在朝廷獨攬大權的情況下，「徒論閣制當若何組織，實無價值之閒言語耳」。但他還不肯跳出君主立憲的迷途，繼續幻想通過「講明立憲主義之真精神」來「起衰救敝」。他承接上文寫了多篇附論，針對清廷憲政編查館奏議中所謂內閣和國務大臣應對於君主負責等「邪說」進行駁斥，認為是「取立憲政體之原則翻根柢以破壞之，而復返於專制」，是「欲利用最無聊最無價值之法理，以文飾其最惡劣之政治習慣」。他根據國家統治主體論重新闡述了責任內閣制必須遵守的立憲原則，即政府既不應「對君主負責」，也不應「代君主負責」，而必須自行對國家負責，「使君主無責任一語，成為顛撲不破之事實，而絕非虛構擬議之辭」。這一主張固然剝奪了專制君主的行政大權，但梁啟超的另一目的，又是為了使「君主神聖不可侵犯，亦成顛撲不破之事實」，使「立憲國皇室所以安如磐石」，流露了保皇的一片苦心。同時，他認為議會雖有糾察政府之責任，但政府也不應對於議會負責，它們同屬國家機關，故應同對國家負責。[26]把「國民的政府」變成「國家的政府」，同把主權在民變成主權在國一樣，是君主立憲思想的積極性日漸消退的重要表徵。

（三）關於政黨

　　對於立憲制度下政黨的地位和作用，梁啟超早在1902年所寫的《新民說》中已經論及。其後在《開明專制論》、《申論種族革命與政

26　《責任內閣釋義》，《飲冰室合集‧文集》之二十七，頁10、14、22、26。

治革命之得失》等文中，對政黨理論和西方政黨政治作了進一步介紹和闡述，但當時尚未提出在中國建立政黨的問題。

隨著立憲運動的興起，梁啟超深感有組建資產階級性質的政黨，以作為憲政改革領導者和推動者的必要。1906年10月他寫信給蔣觀雲，正式提出「合熱誠和同主義之人以組織一機關」，以「練成」國民政治能力的組黨設想。[27]同時在寫給康有為的一封信中，他對此講得更加明確：「我國之宜發生政黨久矣，前此未有其機，及預備立憲之詔下，其機乃大動。」[28]從這時起，梁啟超便積極開展活動，為組建立憲派的政治黨團而努力，並聯繫中國實際對政黨問題從理論上進行了更多的探討。

關於政黨的性質，他認為是正式表示國民政治主張的「團體」，是「國中賢才之同主義者」的「結合」。[29]他特別強調政黨的「要義」是「黨於其主義，而非黨於其人」[30]，「標持一主義以求其實行，而對於與此主義相反之政治，則認為政敵而加以排斥」，凡政黨皆以「國利民福」為前提[31]，明確指出了政黨的主要政治特徵。

關於政黨的作用，他指出對於國民來說，政黨在預備立憲時和立憲後都起「增進國民程度」的重要功用。[32]對於立憲政治來說，政黨在憲政制度中通過一黨在朝、他黨在野而互相競爭和監督，政治「凡遵政黨所標持之主義以行，必能近於良政治」[33]。

關於政黨的任務和目的，他指出通過組織「堂堂正正之政黨」，

---

27 《致觀雲先生書》，丁文江、趙豐田編：《梁啟超年譜長編》，頁369。

28 《與夫子大人書》，丁文江、趙豐田編：《梁啟超年譜長編》頁369。

29 《政聞社宣言書》，《飲冰室合集・文集》之二十，頁23、27。

30 《與夫子大人書》，丁文江、趙豐田編：《梁啟超年譜長編》，頁374。

31 《政治與人民》，《飲冰室合集・文集》之二十，頁15。

32 《政聞社宣言書》，《飲冰室合集・文集》之二十，頁14。

33 《政治與人民》，《飲冰室合集・文集》之二十，頁15。

「揭健全之政綱以號召天下，而整齊步伐以從事運動，則國會勢力，必為所佔」，最後必然以政黨政治取代封建官僚政治。[34]梁啟超的政黨思想鮮明地表現了民族資產階級上層參與和掌握政權的願望，是民族資產階級上層政治上成熟的重要標誌。但梁啟超對政黨的設計像對國會的設計一樣，完全是理想化的；他以政治改良作為基礎，只能是無力地面對嚴峻的現實，儘管能夠提出光明的前景，卻無法找到實行的道路。

梁啟超關於國會、責任內閣和政黨的一系列理論闡述和實際設想，儘管表達了民族資產階級上層美好的政治願望，但由於它以不推翻清朝、不進行武裝革命的改良為前提，因而是根本不可能實現的。立憲運動的進行，越來越清楚地顯示出這一點。

四　由君主立憲到民主共和的轉變

立憲派本來對君主立憲獻出了夢幻般的虔誠和熱情，但他們卻一再遇到清王朝冰冷的面孔。他們合情合理的國會請願始被拒絕，繼受敷衍，終遭嚴禁。最後，清廷以成立專制集權的「皇族內閣」，根本斷絕了立憲派的參政之路，又通過所謂「鐵路幹線國有」政策，公開向帝國主義出賣利權，嚴重侵害到民族資產階級上層的經濟利益。嚴酷的事實使立憲派由幻想而感到絕望，他們與封建統治階級之間的矛盾變得日益尖銳。

民族資產階級上層與封建統治者之間這種逐漸激化並最終導致彼此決裂的矛盾，對君主立憲思想的發展有著直接的影響。梁啟超從清廷的種種言行裏，看出其完全沒有立憲的誠意，不過是「假立憲之

---

34 《讀十月初三日上諭感言》，《飲冰室合集・文集》之二十五（上），頁152。

名，以行專制之實」[35]，開始對自己模仿套用西方立憲程序的觀念表示懷疑，感到對於這樣一個不知立憲政體為何物、視民意機構和公共政治信條為兒戲的專制王朝來說，欲以立憲國「通行之成例」以責望之，不過是「索文繡於裸國，希韶響於聾俗」[36]。不首先解決變「惡政府」為「良政府」這個根本問題，國會、責任內閣、政黨政治等理論和設計都不可能變為現實。

對清朝的頑固和腐敗越來越失望，促使梁啟超像多數立憲派人士一樣，政治態度不斷由溫和趨於激烈。在立憲派三次國會請願均遭失敗之後，梁啟超壓抑不住對清政府的憤恨之情，說道：「誠能並力以推翻此惡政府而改造一良政府，則一切迎刃而解，有不勞吾民枝枝節節以用其力者矣。」[37]受此影響，他對革命派的態度變得要比過去寬容，自云面對嚴峻的現實，立憲派對革命黨以革命主義所作的駁斥非難「無以應也」，坦承「要之在今日之中國而持革命論，誠不能自完其說。在今日之中國而持非革命論，其不能自完其說抑更甚」；預言清廷對革命暴動的鎮壓只能平息於一時，而革命黨正如野草春風，「未有已時」，「其不至驅全國人盡化為革命黨焉而不止」。[38]

然而，即使這時，梁啟超也並不贊成革命。他同許多立憲派人士一樣，是以一種傷感、恐懼和無可奈何的眼光來看待不斷蔓延全國的革命之「禍」的。他從正面渲染革命之勢，是想藉以對不肯立憲的清廷作最後一次威嚇。他並不認為革命派以及下層群眾的革命鬥爭是挽救中國的主要現實力量，而本於國家和社會有機體說，相信社會中的「健全之分子」即「最少數人之心力」的存在才是中國不亡和更生的

---

35 《責任內閣釋義》，《飲冰室合集・文集》之二十七，頁23。
36 《政黨與政治上之信條》，《飲冰室合集・文集》之二十六，頁54。
37 《中國前途之希望與國民責任》，《飲冰室合集・文集》之二十六，頁29。
38 《粵亂感言》，《飲冰室合集・文集》之二十七，頁66、67。

保障。因此，他即使以鼓動家的魔筆大書「與惡政府奮戰，與惡社會奮戰，乃至與全世界之惡風潮奮戰」[39]，其實際內容仍然是軟弱的改良。他對清朝還未完全死心，列出六大立憲政治信條，幻想通過資政院「注全力督促政府，使承諾立憲政治之諸大原則」[40]。這說明，不到萬不得已，民族資產階級上層並不願走改良之外的其它道路。

不管立憲派願意與否，勢所必至的革命大潮還是迅猛來臨了。1911年武昌起義的爆發，成為全國性革命高潮的總動員令。在很短的時間內全國各地紛紛響應，革命運動的發展勢不可擋，清朝即將崩潰的前景已相當明朗，只是到了這時，對清朝心懷絕望的資產階級立憲派才正式轉到革命方面。全國革命高潮的興起和立憲派轉向革命，以事實證明了民主革命運動的必要性，並正式宣告了君主立憲運動的破產和終結。但是，君主立憲思想並沒有同時立即消失，它還留下了一個相當清晰的尾聲，這就是梁啟超「虛君共和」的主張。

梁啟超於武昌起義爆發後，為其立憲黨策劃了「和袁，慰革，逼滿，服漢」的「大方針」[41]，並作了種種具體計劃，「實欲乘此而建奇功」[42]，利用革命高潮之機，實現君主立憲的理想，由立憲派實際取得全國的「實權」。為此，他還特地返回國內進行活動。然而，革命形勢的迅速發展，遠非久居日本的梁氏所能逆料。他一回國，就立即感到「形勢刻刻改變，在東時之理想及沿途所策畫，大半不能行」[43]，並因軍隊有欲擁其「宣告獨立」的主張，而惶惶返回日本[44]。隨後，發表《新中國建設問題》一文，提出了「虛君共和」的主張。

---

39 《中國前途之希望與國民責任》，《飲冰室合集·文集》之二十六，頁31、35。
40 《政黨與政治上之信條》，《飲冰室合集·文集》之二十六，頁54。
41 《與勉兄書》，丁文江、趙豐田編：《梁啟超年譜長編》，頁558。
42 《致雪公書》，丁文江、趙豐田編：《梁啟超年譜長編》，頁553。
43 《與嫻兒書》，丁文江、趙豐田編：《梁啟超年譜長編》，頁560。
44 同上書，頁561。

　　所謂「虛君共和」，就是君主立憲，名稱的改換並未導致實質內容的改變。與此前君憲思想有所不同的是，「虛君共和」是在全國革命大局已定的情況下，最後變得比較徹底的資產階級的君主立憲主義。首先，它規定在此政體下，君主「不過以為裝飾品，無絲毫實權，號為神聖，等於偶像」，將君主完全「虛化」。其次，指出「政無大小皆自內閣出，內閣則必得國會多數信任於始成立者也。國會則由人民公舉，代表國民總意者也。其實際與美法等國之主權在民者絲毫無異」。從這兩點出發，他把君主立憲政體歸於「共和之一種」[45]，承認「完全之君主立憲，其與共和相去一間耳」，「既認為可以行君主立憲之國民，自應認為可以行共和之國民」[46]，從而把立足點比較完全地轉到了資產階級憲政的一邊。

　　作為典範的英國的君主立憲制，本來就是虛君共和的同義語，其真實內容則是資產階級的專政。梁啟超對這點未必不早就有相當的理解。但他在構造自己的君憲理論之時，出於資產階級改良派既要反對封建專制而又害怕革命的心理，總是曲意將西方君憲的真正精神掩蓋起來，而抓住那些虛戴君主的條文不放，任意發揮，作為與民權互相限制的武器。只是當革命終成為大勢之時，他才不得不丟掉一些幻想和保守，在「君主立憲」的後面加上一條「虛君共和」的注釋。

　　把君主立憲變為虛君共和並不是梁啟超思想的新發展，而是他對君權的幻想終於破產的表現。幻想既滅，梁啟超對清廷的態度才真正變得比較嚴厲起來。他譴責清朝「異族」君主三百年間「久施虐政，屢失信於民」，指斥十餘年來「皇室實為惡政治所從出」，「今之皇室，乃飲鴆以祈速死，甘自取亡」，所謂十九信條不過是「迫於要

45　《新中國建設問題》，《飲冰室合集・文集》之二十七，頁35、43。
46　《中國立國大方針》，《飲冰室合集・文集》之二十八，頁77。

盟，以冀偷活」的空文，承認自己過去對「現皇統」的立憲幻想「蓋誤矣」。[47]但儘管如此，梁啟超還是不肯徹底拋棄君主這具政治僵屍，還從異國日本向著面臨「新中國建設問題」的各類中國人揮舞「虛君共和」的旗幟。然而，在革命潮流的巨大濤聲中，「虛君共和」主張只能成為被吞沒的君憲思想的可憐的餘音。對虛君共和，革命派固然不屑一顧，轉向革命的立憲派亦無人響應。即使一直追隨康梁的立憲黨人亦「除極少數外，便有很多的人表示了不同的意見」[48]。有的直截了當地指出：「滿人氣運已絕，若復抗輿論，存皇族，必為全國之公敵矣。……乞切勿再倡存皇族以失人心，而散會事。」[49]梁啟超本著「虛君共和」的主張與國內各方面進行聯絡，其結果卻是「斷斷無絲毫之效」[50]。梁啟超已不能再在政治上起到任何積極的指導作用，君主立憲思想至此真正走到了它的窮途末路。實際上，梁啟超在提出虛君共和主張時，態度是非常矛盾的。他一方面仍然確信「共和政體為萬不可行於中國，始終抱定君主立憲宗旨」，並將虛君共和的實現寄託於他與最大權勢者袁世凱的「推心握手」、「分途赴功，交相為用」之上。[51]一方面，又感到「虛君共和」有種種「極難解決之問題」，有「種種不能行之處」，因而對「新中國建設之良法」雖竭盡才思而「迄未能斷」。《新中國建設問題》，[52]這種山窮水盡、無能為力的窘況，在梁啟超「以著作報國」的歷史上，大概還是第一次。只是隨著南北和議的實現，清帝遜位的宣佈，梁氏才最後捨棄君主立憲的幻想，轉變到共和思想一邊來。

---

47 《新中國建設問題》，《飲冰室合集・文集》之二十七，頁44、45。

48 丁文江、趙豐田編：《梁啟超年譜長編》，頁592。

49 徐君勉：《致南海夫子書》，丁文江、趙豐田編：《梁啟超年譜長編》，頁593。

50 羅癭公：《致任公先生書》，丁文江、趙豐田編：《梁啟超年譜長編》，頁590。

51 《梁啟超復楊度親筆信》，丁文江、趙豐田編：《梁啟超年譜長編》，頁570。

52 《飲冰室合集・文集》之二十七，頁46。

可以說，梁啟超的君主立憲思想是與君權的存在相始終，隨著君權的覆滅而消失的；由民族資產階級上層的階級特性所決定，它既是促使君權分解的催化劑，又是伴隨君權滅亡的殉葬品。這是軟弱的中國民族資產階級上層在反對封建專制主義鬥爭中難以逃脫的命運。

《新大陸遊記》與梁啟超的美國觀

　　1903年，流亡海外的梁啟超應美洲保皇會之邀再度遊美。像四年前的夏威夷之行一樣，這次遊美也是政治性的。在美洲的八個月中，梁啟超將大部分時間用於從事與保皇會事務有關的活動，在此之餘，亦對心儀已久、羨慕嚮往的美國作了廣泛的實地考察。遊美歸來他所撰寫的《新大陸遊記》，主要就是「記美國政治上、歷史上、社會上種種事實，時或加以論斷」[1]。這些記敘和評論鮮明反映出堅持維新立場的嶺南思想家認識美國的獨特視角和深刻程度，既是維新派自身政治觀念的折射，又為當時中國人瞭解美國、借鑒美國提供了一份寶貴的第一手材料，在近代中外文化交流史上具有重大意義。

　　過去，由於《新大陸遊記》中有非難民主共和、主張君主立憲之語，學術界比較重視批評其政治上的錯誤傾向，而對其文化上的價值卻認識不足。事實上，就這部著作而言，其文化上的重要性遠遠超過其政治上的重要性。書中對美國社會發表的諸多觀感，至今讀來還能受到不少啟迪。

1　鍾叔河主編：《走向世界叢書·新大陸遊記及其它》（以下簡稱《新大陸遊記及其它》）（長沙市：嶽麓書社，1985年），頁419。以下該書同此版本，不再另注。

一　充分肯定美國資本主義發展所取得的巨大成就和進步，同時對由此帶來的擴張性深表憂慮不安

　　到美國之前，大力主張學習西方的梁啟超對其發達的情況已有不少間接的瞭解。到美國後，通過親身觀察體驗，對其建國以來短短百餘年間所獲得的飛速發展和繁榮富強的景象感受更深。

　　他以紐約和芝加哥兩大城市作為典型代表記敘了美國「歲歲進步」的歷史和現狀。紐約「當美國獨立時，人口不過二萬餘……迨十九世紀之中葉，驟進至七十餘萬。至今二十世紀之初，更驟進至三百五十餘萬，為全世界中第二之大都會（英國倫敦第一）。以此增進速率之比例，不及十年，必駕倫敦而上之，此又普天下所同信也。今欲語其龐大其壯麗其繁盛，則目眩於觀察，耳疲於聽聞，口吃於演述，手窮於摹寫，吾亦不知從何處說起」。他特別強調紐約的發展體現了歐美各國都市「皆由政治上之結集，一變為生計上之結集」即由政治中心變為生產和商業中心的歷史趨勢，將紐約視為整個美國乃至全世界資本主義發展的一個縮影。芝加哥則「號稱今日美國第二大都會、全世界第四大都會，其在十九世紀之上半期，猶一區區之三家村而已。豈圖數十年間，遂一躍而立於此地位」。[2]

　　此外，書中還就觀察所及，逐一介紹了美國在工業發展、鐵路建設、軍事、教育等方面突飛猛進的情況。在敘及美國太平洋海底電線的建成有巧奪天工之妙，由海底電線發電報，環地球一周僅需短短的十二分至九分之時，梁啟超感慨尤深：「昔英國詩聖索士比亞（即莎士比亞）作夢遊仙吟有句云：『吾有寶帶兮，以四十分鐘一周地球。』此實三百年前理想家之一寓言耳。豈期物換星移，物質文明之發達，

2　《新大陸遊記及其它》，頁438、521。

不可思議。我輩生此二十世紀者，竟人人皆得以至微末之代價，利用彼索士比亞之寶帶而有餘。嘻！不亦異哉，不亦偉哉！」[3]寓言變成了現實，這是對資本主義發展的極為概括也極為生動的評價。

早在19世紀40年代，馬克思、恩格斯在《共產黨宣言》中就曾經這樣寫道：「資產階級在它的不到一百年的階級統治中所創造的生產力，比過去一切世代創造的全部生產力還要多，還要大。自然力的征服，機器的採用，化學在工業和農業中的應用，輪船的行駛，鐵路的通行，電報的使用，整個整個大陸的開墾，河川的通航，彷彿用法術從地下呼喚出來的大量人口——過去哪一個世紀能夠料想到有這樣的生產力潛伏在社會勞動裏呢？」[4]半個多世紀後梁啟超在美國頗為驚異地看到的，正是「宣言」中描繪過的社會巨變的奇景。

對美國資本主義的繁榮發展，梁啟超的觀察沒有僅僅停留在表面現象上，還進一步深入其內部，考察其繁榮發展的機制，這著重表現在他對托拉斯制度的研究剖析上。

托拉斯是資本主義經濟壟斷組織的高級形式，梁啟超將其稱為產於19~20世紀之交的一大「怪物」。書中用了整一節的篇幅分析介紹托拉斯的概念內涵、起源及發展過程，托拉斯的十二利與十弊，1897年後出版的美國朝野研究托拉斯的重要書籍與文獻等，堪稱最早著文全面論述托拉斯的中國學者。梁啟超論托拉斯的幾個重要觀點是很有見地的。首先，托拉斯對於美國及世界的重要性。「其勢力及於全美國，且駸駸乎及於全世界。……其勢力遠駕亞歷山大大帝、拿破崙第一而上之者也，二十世紀全世界惟一之主權也。」「故欲知美國之國情，必於托辣斯（即托拉斯）；欲知世界之大勢，必於托辣斯。」尤

3　同上書，頁511-512。

4　《馬克思恩格斯選集》第一卷，頁256。

其是「自今以往，且由國內托辣斯進為國際托辣斯，而受害最劇者，必在我中國，然則我輩不能以對岸火災視此問題也明矣」。[5]其次，托拉斯的實質是從自由競爭走向壟斷，這是一個不可避免的歷史發展趨勢。「托辣斯者，以政治上之現象譬之，則猶自各省併立而進為合眾聯邦也，自地方分治而進為中央集權也；質而言之，則由個人主義而變為統一主義，由自由主義而變為專制主義也。」「考托辣斯之所由起，原為防自由競爭生產過度之病，實應於今日時勢，不得不然也。」[6]最後，托拉斯有大利亦有大弊。大利如擴大生產規模、降低生產成本、加強生產的計劃性，大弊則有妨礙生產技術改良進步、壟斷市場價格、增加失業人數等。總的來看，書中對托拉斯制度採取的是一種客觀而辯證的態度，其認識不少具有遠見。

列寧在1916年所寫的《帝國主義是資本主義的最高階段》一書中深刻指出：「資本主義最典型的特點之一，就是工業蓬勃發展，生產集中於愈來愈大的企業的過程進行得非常迅速」；「這種從競爭到壟斷的轉變，是最新資本主義經濟的最重要的現象之一，甚至是惟一的最重要的現象」；「生產集中引起壟斷，則是資本主義發展現階段一般的和基本的規律」。[7]應該說，梁啟超關於托拉斯制度的論述表明，他對資本主義發展的最新最重要的現象及其規律，在認識上是相當敏銳、相當明確的。

作為來自半殖民地國度、深受包括美國在內的外國列強壓迫的中國維新派領袖人物，梁啟超在讚美美國經濟繁榮進步的同時，對其露骨的擴張主義侵略政策有著非常敏感的注視。

他認為過去歐洲由於人口、產業發達，於是向外擴張，開闢新大

5　《新大陸遊記及其它》，頁439、446、448。

6　同上書，頁439、444。

7　《列寧選集》第二卷，頁739、740、743。

陸作為殖民地；現在新大陸的美國由於其經濟發展，則極力向東方擴張其勢力，集中代表這種擴張主義的就是所謂「門羅主義」。「門羅主義」自1823年由美國總統門羅提出後，成為美國外交政策中的金科玉律，是美國擴張主義外交政策的最典型的反映。像考察托拉斯制度一樣，梁啟超對門羅主義的產生和發展、實質和演變、其積極方面和消極方面等，作了全面分析，得出一個既高度概括又相當精闢的結論：「由是觀之，則門羅主義之本相，則所謂『亞美利加者，亞美利加人之亞美利加』，是其義也。及其變形，則所謂『亞美利加者，美國人之亞美利加』矣。而孰知變本加屬，日甚一日，自今以往，駸駸乎有『世界者美國人之世界』之意。而其所統藉以為口實者，仍曰門羅主義、門羅主義。」[8]由爭霸美洲到爭霸世界，這的確道出了門羅主義的實質所在。梁啟超特別強調美國奉行門羅主義可能對中國造成的巨大危害。他引美國總統羅斯福當時巡行太平洋沿岸所發表的一系列宣揚門羅主義的演說發表評論說：「吾在報中，見盧斯福（即羅斯福）此演說文（指在三藩市的演說）之後，吾忡忡焉累日，三復之不能去焉。夫其曰『執世界舞臺之大役』，曰『實行我懷抱之壯圖』，其『大役』、『壯圖』之目的何在乎？願我國民思之」；「中國不能自為太平洋之主人翁，而拱手以讓他人，吾又安忍言太平洋哉」；「吾讀此演說（指在芝加哥的演說），三復其『門羅主義所向無敵』一語，吾不禁瞿然以驚，……嗚呼，可以思矣！夏威、菲律，夷為郡縣；若不闕秦，將焉取之？吾恐英國鴉片煙之役、法國東京灣之役、德國膠州灣之役，此等舉動，不久又將有襲其後者也」[9]書中還通過對美國海軍建設的考察，預言了美國將「淩德法駕英俄」而稱霸世界的趨勢。

8　《新大陸遊記及其它》，頁487。

9　同上書，頁433、444、488。

　　帝國主義就是戰爭，爭霸世界是帝國主義發展的必然趨勢，梁啟超雖然沒有明確得出這樣的結論，但他已清晰地看到了這樣的前景。他對中國政府和國民發出的預警警告，無疑是非常及時的。他對門羅主義所作的深刻分析，亦為此後美國在世界許多地方的所作所為所證實。以頌揚美國資本主義經濟的高度繁榮始，而以告誡國人警惕美國對外擴張、稱霸世界將帶來的危害終，顯示了梁啟超對美國的清醒認識和對祖國的熾愛情懷。

二　極力讚頌美國平等自由的價值觀，對其共和政體卻多有批評，折射出維新派政治理想與實踐之間的矛盾

　　以康有為、梁啟超為代表的中國維新派，可以說是在西方資產階級民主主義觀念的影響和召喚之下成長起來的。戊戌政變前當他們還只是間接地接觸到西方新思想時，就曾表現出敢於衝破傳統文化的束縛、熱誠追求真理的極大勇氣。戊戌政變後，就梁啟超而言，他的勇氣未曾稍減，反而由於中國反動勢力的壓迫而得以增長和擴充。當他來到當時民主制度最為發達的美國，置身於這片久已推翻殖民統治、贏得了獨立自由的國土的時候，撫今追昔，對美國的民主精神感觸甚深，大加稱讚。

　　在麻塞諸塞州的樸資茅斯，梁啟超觀看了「新世界石」遺跡，這是於1620年來北美洲開拓新世界的一百零一名英人初至登岸時所站立之處。早在1899年撰寫的《自由書‧自由祖國之祖》一文中，梁氏就對此「百有一人」進行過介紹和歌頌。如今他親來美國遊樸資茅斯，禁不住感慨萬千：「吾夢想此境者有年，吾今乃得親履其地，撫其遺跡，余欣慰可知矣。」書中稱「百有一人」「真為自由主義堅苦刻厲

以行其志者」。[10]

在「美國人合眾自立」的發源地波士頓，梁啟超遊歷考察得格外仔細，充滿了崇敬欽慕之意。他稱「波士頓者，美國歷史上最有關係之地，而共和政治之發光點也」。書中記下了波士頓從1643年成立「殖民總會」作為「聯邦之濫觴」，到1775年由華盛頓為統帥首戰取得波士頓大捷的一百多年中的歷史大事，盛讚「波士頓為美國合眾自立之母」。梁啟超在波士頓停留了九日，「每以半日與國人演說談論，以半日訪尋其歷史上遺跡。手美國史一部、波士頓名勝記一部、地圖一紙，按圖而索之」。在波士頓大捷的崩克爾山戰場遺址，他「憑弔感慨，不能自禁」，寫下了一首古風體的長詩，詩中寫道：「生命固所愛，不以易自由。國殤鬼亦雄，奴顏生逾羞。當其奮起時，磊落寧他求？公義之所在，赴之無夷猶。……謂是某英雄，隻手回橫流。豈識潛勢力，乃在丘民丘。千里河出伏，奔海不能休。三年隼不鳴，一擊天地秋。獲實雖今日，播種良遠縣。」[11]不僅熱烈謳歌了為了自由不惜為國獻身的犧牲精神，而且肯定了「丘民」即民眾力量的作用。

梁啟超對平等精神的讚賞之情，在書中記敘其它不少美國事物時都流露出來。比如，記在華盛頓參觀國會大廈：「喀別德兒（Capitol，即美國國會大廈）之莊嚴宏麗如彼，而還觀夫大統領之官邸，即所謂白宮（White House）者，則渺小兩層堊白之室，視尋常富豪家一私第不如遠甚。觀此不得不歎羨平民政治質素之風，其所謂平等者真乃實行，而所謂國民公僕者真絲忽不敢自侈也。……民主國理想，於此可見」；記美國婦女地位是「萬國中比較的最高尚者」，突出表現為「其在專門高等之職業，日與男子相爭競，如女醫生、女律師、女新

---

10 《新大陸遊記及其它》，頁474。

11 同上書，頁473、476、477-478。

聞主筆、女訪事、女牧師、女演說家，皆日增月盛。其它如各官署、各公司之書記，各學校之教師，尤以女子占最大多數，男子瞠乎後焉」，其法律上之權利「大抵一切私權，皆與男子立於同等之地位」，此外還有「婦女選舉權之議」（梁啟超獨對婦女選舉權持否定態度，認為「婦女干涉政治，在今日之社會，實利少而弊多……婦人之加入政界，非徒不可，抑亦不能矣」，實為政治上的偏見）；記勞力者之地位「亦日高一日」，「勞力者神聖也」成為美國通用之格言，「其原因蓋由社會黨自爭權利之思想之熾，亦由上流社會慈善事業之日盛，兩者相提攜，而得此進步」，等等。[12]

在這些讚美之詞中，無疑有不少還停留在現象的觀察之上，但從中可見梁啟超對資產階級價值觀的一如既往的由衷嚮往。他的這些肯定性的如實介紹，對於當時中國的讀者不啻是吹入了一股政治思想的清新之風，展示了一幅理想社會的美好之卷，對人們開闊視野、解放思想起積極的作用。

與對平等自由精神的讚頌相反，梁啟超對美國資產階級共和政體基本上持批評態度。書中在全面介紹美國政治制度之時，用不少篇幅談到了其弊端，概括起來，有如下數種：

1. 總統競選之弊。參加選舉的政黨各以「黨派之私見為之」，「所兢兢研究之問題曰：將由何道而使本黨之選舉獲勝利而已」，看重「一黨目前之利害」，而不顧「國家百年之大計」，黨派之間互相攻擊不遺餘力。各州選舉人以州為本位，「故甲省之票，投諸以舉乙省人者甚稀」，加之採用間接選舉法，大州與小州之間得票之數相差懸殊，「故阨澀之鄉，雖英俊不能以自達；衝要之邑，雖庸材反得以成名」。此外，競爭總統的「其它種種黑暗情狀，不可枚舉」，梁氏因此

---

12 《新大陸遊記及其它》，頁482、584、585。

而「深歎共和政體，實不如君主立憲者之流弊少而運用靈也」。[13]

2. 官職屢屢更迭之弊。「美國自一八二八年以後，至一八八三年以前，其任用官吏法，殆如一市場。每當大統領易人之年，則聯邦政府所屬官吏，上自內閣大臣、各國公使，下及寒村僻縣之郵政局長，皆為之一空。使新統領而與舊統領同黨派也，則猶或不至此甚，若屬異黨，則真如風吹落葉，無一留者，此實千古未聞之現象也。」由此造成兩個不良後果：一是官場成了拍賣場，每次總統選舉後，到白宮索官者絡繹不絕，養成了一批「於生計上學業上皆不能自樹立，而惟以政治為生涯；其盡瘁於黨事也，以是為衣食之源泉」的「政界之虱」。二是不利於國家，「官如傳舍，坐席不暖，人人有五日京兆之心，事之所以多凝滯也」。這是共和政治的「最大缺點」。[14]

3. 市政腐敗之弊。如紐約市平均每年選舉費和各黨派運動費達六七十萬美元，這些費用表面上由候選人和入選得官之人擔負，實際上他們不會自傾私囊，最後還是取償於市政公費。其辦法是「市中極閒散之官吏，率皆受極厚之廉俸。得官者例須割其廉俸之一部分還諸黨中，以為下次爭選舉之用。是市也者，以己之公產，扶持己之虐主，使其勢力愈積久而愈鞏固也。而其濫用職權，蹂躪公益，又事勢之相因而至，力不能免者矣」。因此，「美國諸大市中，如紐約、費爾特費等，常為黑暗政治之淵藪，非無故也」。[15]

4. 選舉頻繁之弊。歐洲各國每年平均所行選舉不過三四次，最多五次，而美國卻四五倍之。以俄亥俄州為代表，需選舉的官職就有五種三十項，而以該州最大之市辛辛那提為代表進行統計，每年平均在市投票所進行的選舉共約二十二次。選舉如此頻繁，一方面使市民

---

13 《新大陸遊記及其它》，頁492-493、494。

14 同上書，頁578-580。

15 同上書，頁581。

無從直接舉出合適的人選，而往往是聽從各政黨的擺佈；另一方面是選舉費運動費浩繁，非有大力的黨派不能擔負，這樣就導致了大政黨「獨霸政界」的結果。[16]

就具體的問題而言，梁啟超的上述批評並無大的不妥之處。毋寧說，旁觀者清，梁氏作為一位來自東方的局外之人，對資產階級民主共和體制所不可避免存在的痼疾，更容易保持一種清醒而客觀的認識，並且不乏深刻之見。但是，從基本態度來說，梁啟超對民主共和政體的有意貶損也是明顯的。一是表現在書中僅根據個別事實的表面的簡單比較（如說美國總統多出庸才，英國則多出英才；美國參加競選的人數眾多，而英國參加的人數較少；美國官員更迭頻繁，英日等國則較為穩定等），就籠統地斷定民主共和不如君主立憲。二是表現在書中故意只談民主共和政治的缺點而不談其優點。對此，梁啟超並不加以隱諱。他在專論「美國政治之缺點」一節的末尾寫道：「以上所論，言美國民主政治之缺點居多。雖然，以赫赫之美國，豈其於政治上無特別善良之處，而能致有今日者？其所長者多多，固不待問，餘亦稍有所心得，但今以編輯之無餘裕，姑略之，以俟異日。」[17]美國之所以富強進步，是因為政治上有「特別善良之處」，「其所長者多多」，梁啟超是明確地看到了，這其實也就間接肯定了民主共和政治的優越。但維新派是主張君主立憲而反對在中國建立民主共和制的，因此看到了美國民主共和制的優越也不願意宣傳，以免不利於固守自己的政見。所謂「編輯之無餘裕」，很容易看出只是一個託詞。

一方面讚美美國的平等自由精神，另一方面又批評美國的民主共和政治，這突出地反映了維新派的政治理想與政治實踐之間的矛盾。

---

16 同上書，頁581-583。

17 同上書，頁583。

戊戌後維新派作為民族資產階級政治代表的一翼，在中國半殖民地半封建的社會狀況之下並未失去對政治進步的追求，但限於自身的力量，其追求又是相當無力的。他們還不願也不敢放棄「變法的皇權」這面已經逐漸黯淡的旗幟，因此很自然地渴望出現英、日君主立憲似的局面。梁啟超對待美國政治的態度，可以說提供了一個生動具體的例證。

三 多方剖析美國現存的嚴重社會問題，對其未來發展前途表示深切關注

到新大陸實地考察之前，梁啟超頭腦中的美國形象是相當完美無缺的。通過實地考察，他感到事實並非如此。除了前述他所批評的美國政治的缺點之外，他還剖析了美國存在的種種嚴重的社會問題，其中著墨最多的，是貧富懸殊、種族歧視和移民三大社會問題。

貧富懸殊是資本主義國家中的普遍現象，也是相當典型的社會問題，在美國這一問題尤為突出。梁啟超以紐約為代表，對貧富懸殊問題作了具體的揭示。他認為：「天下最繁盛者宜莫如紐約，天下最黑暗者殆亦莫如紐約。」[18]書中在描繪了一個「繁盛之紐約」之後，緊接著作為鮮明的對比，展現了一個「黑暗之紐約」。

黑暗情形之一是貧民窟的非人生活。貧民居住的地方，交通、住房、生活和衛生條件都極差。由此導致的嚴重後果是貧民區人口死亡率很高，「每千人中至卅五人有奇。其五歲以下之小兒死亡者，每千人中至百三十九人有奇；較之紐約全市普通統計，每千人實應死亡廿六人有奇耳」，即貧民區的死亡率高出紐約平均死亡率的四倍以上。

---

18 《新大陸遊記及其它》，第461頁。

此外，犯罪率也高居不下。目睹此景，梁啟超無限感慨地寫道：「杜詩云：『朱門酒肉臭，路有凍死骨。榮枯咫尺異，惆悵難再述。』吾於紐約親見之矣。」進而，書中摘引了由「社會主義家」所作的一個統計：「美國全國之總財產，其十分之七屬於彼二十萬之富人所有；其十分之三屬於此七千九百八十萬之貧民所有。故美國之富人則誠富矣，而所謂富族階級，不過居總人口四百分之一。」並認為「此等現象，凡各文明國罔不如是，而大都會為尤甚。紐約、倫敦，其最著者也。財產分配之不均，至於此極」。[19]

　　黑暗情形之二是與富者愈富、貧者愈貧現象相伴而生的所謂「智者愈智，愚者愈愚」的現象。梁啟超在紐約「觀各公司之製造工廠」時看到，資本主義的發展導致了資本家階級與體力勞動者的嚴重對立，工人在資本家的支配下，被完全束縛於機器，智力的發展受到極大的妨礙。書中非常生動地評述道：「近世之文明國，皆以人為機器，且以人為機器之奴隸者也。以分業之至精至纖，凡工人之在工廠者，可以數十年立定於尺許之地而寸步不移。其所執之業，或寸許之金，或寸許之木，磨礱焉控送焉；此寸金寸木以外，他非所知、非所聞也。……彼摩爾根、洛奇佛拉之徒，以區區方寸之腦，指揮數千兆金之事業，支配數十百萬之職員，歷練日多，才略日出。而彼受指揮受支配之人，其智識乃不出於寸金寸木。嗚呼！何其與平等之理想太相遠耶！此固由天才之使然，然亦人事有以制之。準是以談，則教育普及之一語，猶空言耳。」[20]從資本主義生產分工的極端化，看到了勞動者在智識上所受的壓迫，看到了資產階級宣稱的「平等」理想的渺茫和「教育普及」的空洞，這是梁啟超觀察敏銳深刻的地方。但應

---

19 同上書，頁462-463。

20 《新大陸遊記及其它》，頁463-464。

指出的是，他將資本家階級與工人的差別說成是「智」與「愚」的差別，並僅僅將此差別的原因歸結為「天才」與「人事」兩個方面，又顯然是相當皮相的見解。

　　黑暗情形之三是婦女中的貴賤之別及婦女地位的普遍低下。書中對此的揭露是頗為尖銳的：「美國號稱最尊女權，然亦表面上一佳話耳。實則紐約之婦女，其尊嚴嬌貴者固十之一，其窮苦下賤者乃十之九。嬌貴者遠非中國千金閨秀之所得望，下賤者亦視中國之小家碧玉寒苦倍徙焉。……賣淫業者之數殆逾三萬，其號稱良家而有桑濮之行者且遍地皆是也，此亦紐約黑暗之一大端也。」[21]不為「最尊女權」的表面現象所迷惑，據實寫出紐約婦女的窮苦、卑賤、被迫為娼等黑暗情形，表明了作者所持的客觀公正的態度。

　　值得注意的是，梁啟超在觀察思考貧富懸殊問題時，對「社會主義」思想及其運動表現出很大的興趣和重視的態度。他認為美國社會的貧困現象雖有慈善事業加以補救，但並不能從根本上解決問題。那麼，解決問題的出路何在？他的回答是只能搞社會主義：「吾觀於紐約之貧民窟，而深歎社會主義之萬不可以已也！……觀於此，而知社會之一大革命，其終不免矣。」[22]不過，整個來看，梁氏的贊同社會主義，多因有感於貧困現象而起，情緒化的色彩很濃。其實他對社會主義的瞭解還比較膚淺，有很大的片面性。他所認可的社會主義，主要指當時社會黨人的社會主義，而不是馬克思主義的科學社會主義。他著眼於未來時歡迎社會主義，聯繫現實時卻反對實行社會主義。他對社會主義採取的是一種保守的態度，未能積極地將其用來推動中國的民主革命運動，這與孫中山接觸社會主義思想後產生了民生主義思

---

21 同上書，頁463-464。

22 同上書，頁463。

想大為不同。[23]

在美國歷史上,種族歧視(主要是對黑人的歧視)一直是個嚴重而尖銳的社會問題。南北戰爭中雖然頒佈瞭解放黑奴的宣言,戰後黑人的處境也多少有了改善,但黑人所受的種族壓迫仍是相當明顯的。梁啟超以新奧爾良為「撮影」,考察了原來被稱為「奴隸省」的美國南部諸州黑人遭受種族歧視的狀況。

對於黑人,梁啟超是抱有偏見的。例如,他僅據1860~1890年中黑人人口數「忽漲忽落」的變化,就推斷「白人競爭力終非黑人所能敵」、「工商業之生產力更非黑人所能任」,進而稱「不適之種,未有不滅,此豈獨黑人哉」;又根據黑人在放奴之後的選舉中不選主張放奴的共和黨,反而選舉其成員為原來奴隸主的合眾黨,斷言「彼奴性終古不改」。[24]他把黑人存在的落後、缺乏覺悟等問題,歸結為種族的問題,而不是指出黑人長期遭受剝削和壓迫這一社會根源,在某種程度上說也是一種歧視態度。

雖然如此,梁啟超對美國存在的種族歧視問題並沒有加以掩飾。書中首先指出美國南部諸州雖號稱共和政體,實際上卻是寡頭政體。在此政體下,其人民大率可分為三級。第一級是上等的白人,掌握地方的實權;第二級是下等的白人,其狀況與黑人相近;第三級則是黑人,被解放後雖然名義上有選舉權,與一般市民相等,而實際上「黑白之不敵,豈待論矣」。其次,黑人只是在名義上有自由權,其實際狀態仍與得自由權之前相去無幾。如「現紐柯連市(即新奧爾良)之黑人,非得市會之許可,不能移住他市。南部諸省,大率皆然。蓋昔則一人一家之私奴,今則一市之公奴也」。再就是,黑人常遭一種被

---

23 詳見《新大陸遊記及其它》梁氏對社會主義的評論,頁465-466。
24 《新大陸遊記及其它》,頁517-518。

稱為「靈治」的私刑的虐殺，而國家漠然視之。書中稱「此實文明國中不可思議之現象也」，將其作為美國種族歧視的典型。書中寫道：「初有農夫名靈治者，一黑人觸犯之，乃縛之而懸於樹上，以待警吏之來；吏未至而該黑人已死，後遂襲用其名。近所通用者，則焚殺是也。每黑人有罪，不經法官，直聚眾而焚之。當二十世紀光天化日之下，有此慘無人理之舉，使非余親至美洲，苟有以此相語者，斷非余之所能信也。……查其統計，乃知自一八八四年以來，每年行此等私刑者，殆平均百五十七次云。嘻！俄羅斯殺百數十猶太人，舉天下以為暴，吾不知美與俄果何擇也！」「靈治」之案雖十之九因黑人犯罪而起，誠為「可憤」，但「不有有司乎？而國家於妄行『靈治』之人，不加以相當之刑罰，抑又何也？無他，人種上之成見則然耳。美國獨立檄文云：凡人類皆生而自由，生而平等。彼黑人獨非人類耶？嗚呼！今之所謂文明者，吾知之矣」。[25]從種族歧視問題中，梁啟超看出了美國的「自由」、「平等」和「文明」是很有限度、並不完善的。

美國移民是梁啟超遊美所關注的又一社會問題。「余遊美，無一事為美人憂為美人恐者。雖然，有一焉，則歐洲及其它各地之下等民1903年）、近二十五年（1878~1903年）和近百年（1800~1900年）中美國移民增長的數字，表示其憂慮所在是「以今日大勢所趨，恐數十年以後，美國將不為條頓人之國土，而變為拉丁人及他種人之國土。……不及百年，而前此殖民時代獨立時代高貴民族之苗裔將屏息於一隅矣」。梁氏的憂慮，在很大程度上是以「民族優劣論」作為出發點和基礎。他清楚地寫道：「以吾觀之，美國立國之元氣何在？亦曰條頓民族之特質而已。使政治上社會上種種權利，全移於條頓以外諸民族之手，則美國猶能為今日之美國乎？吾所不敢知也。」他認

---

25 同上書，頁517-519。

為：「外來之民，固非無大學問家、大政治家、大宗教家，足為美國前途之光者。雖然，不過百中之一二耳。若其大多數，非無智無學之農民，則蕩檢敗行之醜類也。」[26]這些人於道德上傷風敗俗，於政治上更是結成種種特別勢力，導致市政腐敗，危及地方自治基礎，妨害公安公益。

總而言之，「外來者以無智無學無德之故，實不能享有共和國民之資格。以一國主權，授諸此輩之手，或馴至墮落暴民政治，而國本以危」[27]。梁氏的這種看法是很成問題的。按照書上統計，美國從1878~1903年的移民數約為一千兩百萬，百年中美國人口從五百三十萬增至七千六百三十五萬亦「惟受海外移民之賜」。那麼，將此數千萬移民的大多數目視之為「無智無學無德」之民，大談其對美國立國基礎的破壞和威脅，就不僅僅是以偏概全，而且是在一種極為錯誤的歷史觀指導下得出的謬見了。梁啟超關於「國民資格」和「暴民政治」的說法，還適足反映出他在對待廣大民眾問題上根本態度的錯誤，這也是前此維新運動中維新派領袖人物大都難以避免的錯誤。移民問題並非不是美國社會的一大問題，但梁啟超對它的觀察和評論卻大大偏離了正確的立場。梁啟超在書中稱移民問題他是「代美國抱杞憂者」[28]，事實的確如此。移民不但沒有毀掉美國，反而使之充滿了生氣。

26 《新大陸遊記及其它》，頁450、453。

27 同上書，頁455-456。

28 同上書，頁453。

四 留意考察美國社會特色，比較中美兩國人性質，指出中美在基本國情上存在重大差異

20世紀之初的美國既是一個先進的資本主義國家，又是一個很有特色的國家。梁啟超對「美國之特色」深感興趣，從許多方面進行了探究。其中分析最多的，是美國的政治特色：「美國之政治，實世界中不可思議之政治也。何也？彼美國者，有兩重之政府；而其人民，有兩重之愛國心者也。質而言之，則美國者，以四十四之共和國而為一共和國也。故非深察聯邦政府與各省政府之關係，則美國所以發達之跡，終不可得明。……各省政府之發生，遠在聯邦政府以前，雖聯邦政府亡，而各省還其本來面目，復為數多之小獨立自治共和國，而可以自存。此美國政治之特色，而亦共和政體所以能實行能持久之原因也。」據此特色，書中得出一個重要結論：美國獲得自由是因為獨立戰爭前已具備相當的基礎（即各省的獨立自治），若無此基礎，「斷不能以一次之革命戰爭而得此完全無上之自由」。如法蘭西，以革命求自由，「乃一變為暴民專制，再變為帝政專制，經八十餘年而猶未得如美國之自由」；又如南美諸國，皆以革命求自由，「而六七十年來，未嘗有經四年無暴動者，始終為蠻酋專制政體；求如美國之自由者，更無望也」。梁啟超認為：「必知此現象者，乃可以論美國之政治；必具此現象者，乃可以傚美國之政治。」[29]在這段論述中，梁啟超對法國革命和南美諸國革命的偏見，表現了維新派一貫的堅持漸進、不喜突變，堅持改良、不喜革命的政治立場。但就對美國的觀察而言，他提出了一個頗有價值的思想，就是要仿傚美國的政治制度，必須瞭解其政治制度演變的歷史和建立的基礎，必須具備與之相同的

---

29 《新大陸遊記及其它》，頁569-571。

條件。換言之，也就是要重視各國國情之間的差異，不能只憑一廂情願去生搬硬套。

　　書中還依據其遊美期間對美國華人和華人團體狀況的考察，從中美比較的角度，分析了華人的優缺點。其優點有四條：一是「不肯同化於外人」；二是「義俠頗重」；三是「冒險耐苦」；四是「勤、儉、信」。[30]梁啟超著重談論的是華人的缺點，將其歸結為三點：一是無政治能力；二是保守心太重；三是無高尚之目的。他列舉了一些具體表現，如以三藩市華人為例：華人中多有挾刃尋仇、聚眾滋事、遊手閒行、秘密結社等危害社會秩序者；華人團體中華會館議事，名為會議，實則非「寡人專制政體」則為「暴民專制政體」，「若其因議事而相攘臂相操戈者，又數見不鮮矣」；會館選舉紛爭不已，「此縣與彼縣爭（各會館多合同數縣者）；一縣之中，此姓與彼姓爭；一姓之中，此鄉與彼鄉爭；一鄉之中，此房與彼房爭。每當選舉時，往往殺人流血者，不可勝數也」。總之，華人文明程度低，而中國內地人的文明程度，「尚遠出三藩市人下也」[31]。由這些缺點，梁啟超引出一個觀點非常偏激的政見：「夫自由云，立憲云，共和云，是多數政體之總稱也。而中國之多數大多數最大多數，如是如是。故吾今若採多數政體，是無以異於自殺其國也。自由云，立憲云，共和云，如冬之葛，如夏之裘，美非不美，其如於我不適何。吾今其毋眩空華，吾今其勿圓好夢。一言以蔽之，則今日中國國民，只可以受專制，不可以享自由。吾祝吾禱，吾謳吾思，吾惟祝禱謳思我國得如管子、商君、來喀瓦士、克林威爾其人者生於今日，雷厲風行，以鐵以火，陶冶鍛鍊吾國民二十年三十年乃至五十年，夫然後與之讀盧梭之書，夫然後與之

---

30 同上書，頁540。

31 《新大陸遊記及其它》，頁558。

談華盛頓之事。」[32]這段政見正是梁氏兩年後撰寫的《開明專制論》的核心論點之一。

梁啟超認為中國國民只可以受專制，不可以享自由，中國急須的不是國民的自由解放，而是由一位手握大權、思想開明的人物以鐵與火來對國民進行陶冶鍛鍊，使其先具備享受自由的資格，然後再來談自由、立憲、共和，這無疑是非常錯誤的。其錯誤在於他只看到了國民落後的一面，而未認識到他們推動社會進步的巨大作用；把國民落後的現象視為本質，而未深究其何以落後的根源；寧可寄希望於某類偉人出現這種毫無根據的幻想，而不研究如何去做開啟民智、鼓動民力，使之擺脫落後狀況的工作。結果，就將中國不能照搬美國的民主共和制這樣一個本來很有意義的命題，變成了對專制（哪怕是開明專制）的讚歌，這就大大脫離了中國的實際，也背離了資產階級民主主義革命所引導的時代精神。不過，也應該指出，梁啟超看出中國並無實行西方民主制度的歷史基礎、社會基礎和思想基礎，斷言美國式的立憲共和制不適合中國的國情（亦即不可能真正在中國建立起來），其中包含著一定的合理因素；他主張「開明專制」並非嚮往專制、仇視自由，而是企圖經過開明專制最終走向自由；並且，他的偏激之詞亦屬有感而發，出於一種對中國政治落後深以為恥，而又拿不出切實有力的解決辦法來的矛盾心理。

梁啟超鼓吹「開明專制」的時間並不太長。在1907年撰寫的《政聞社宣言書》中，他重新將中國政治進步的希望放到了「國民」身上。宣言書中對「希望君主幡然改圖，與民更始，以大英斷取現政府而改造之」和「希一二有力之大吏，啟沃君主，取現政府而改造之」這兩種思想進行了批判，指出「遍徵各國歷史，未聞無國民的運動，

---

32 《新大陸遊記及其它》，頁559。

而國民的政府能成立者,亦未聞有國民的運動,而國民的政府終不能成立者,斯其樞機全不在君主而在國民」,「夫既已知舍改造政府外,別無救國之途矣,又知政府之萬不能自改造矣,又知改造之業,非可以責望於君主矣,然則負荷此艱巨者,非國民而誰」,並認為「謂國民程度不足,坐待其足然後立憲者妄也」。[33]這實際上就否定了他前此「祝禱謳思」的開明專制,而轉向了所謂「如冬之葛,如夏之裘」的立憲(君主立憲)。對於梁啟超來說,這仍然算得上是前進了一步。

　　無論是分析美國社會的特色,還是比較中美兩國人的差異,可以說都是對國情問題的思考。儘管還很不系統全面,有的並不恰當,有的觀點純然錯誤,但能夠注意並重視這一問題是很有意義的。剔除其中片面或錯誤的觀點,我們不難獲得這樣的教益:學習外國的長處必須把握彼此的國情而不能照搬照套,對自身的痼疾應敢於正視而不要一味掩飾。

　　《新大陸遊記》是中國人以親身實地考察的感受撰寫的第一部全面介紹美國、評價美國,並進行中美比較的著作。梁啟超給自己規定的任務是「以其所知者貢於祖國」。遊美數年的維新派人士徐勤評價此書:「皆余之所欲言而不能言者也。且彼以十月間所觀察所調查,乃多為吾三年間所未能見及,……以是公諸世,其影響於民族前途者,必非淺鮮。」[34]從書中所表達的梁啟超的美國觀及全書內容來看,這部書雖存在政治立場上的局限性,卻的確具有很高的文化價值,是先進的中國人自覺進行中外文化交流的珍貴記錄。

---

33 《辛亥革命前十年間時論選集》第二卷下冊(北京市:三聯書店,1963年),頁1055、1057、1059。

34 《新大陸遊記及其它》,頁419、416。

第四編
孫中山與民主革命思潮

關於孫中山早期政治思想的兩個問題

關於孫中山的早期政治思想，孫中山本人的說法、一些當時人的回憶和現存的文獻史料三者之間，頗多不盡一致之處。為了進行盡可能合理的解釋，史學界近年來仍在繼續探索有關問題。下面擬從孫中山早期政治思想發展基本脈絡的角度，對其中兩個問題進行分析。

一　孫中山1885年能否「始決傾覆清廷、創建民國之志」

按照孫中山自述，他於1885年便「始決傾覆清廷、創建民國之志」[1]如果這是指此時他像後來例如1905年組建中國同盟會時那樣具有了明確的民族民主革命信念，或1895年籌畫廣州起義時那樣確定了具體的反清革命目標，顯然是不確切的。對此，論者多已敘及。但是，若將上引自述解釋為由於戰爭敗績的嚴重刺激，作為個人的思想情緒和心理感受，孫中山對清廷產生了十分強烈的不滿，以致決心日後要將其推翻，並由此希望中國能變為歐美一樣的新型國家，則應該說是可信的。從孫中山前此生活經歷中，我們可以找到他的反清革命志向逐漸積纍，並通過重大事變的觸發而毅然確立的至少兩方面的根據。

1　《建國方略》，《孫中山全集》第六卷（北京市：中華書局，1985年），頁229。下引該書同此版本，不再另注。。

　　一方面是太平天國反清革命遺風的影響。孫中山出生的年月距太平天國革命失敗不遠，這使他十來歲的時候，有機會聽到人們甚至是當年親歷革命的太平軍戰士講述太平天國的故事。這些故事對少年孫中山產生了很大的影響。[2]孤立地考察，這種影響也許並不重要，極有可能轉瞬而過。但是，如果聯繫到自鴉片戰爭以來列強對華侵略的步步加緊，清廷的腐敗無能日益充分地暴露；聯繫到孫中山隨著年齡的增長，更多和更清楚地耳聞目睹了民族災難深重、清朝統治黑暗的事實，同時開始大量接受西方資本主義的教育；聯繫到不是以故事而是以現實鬥爭形式出現的1883年廣州人民反抗外國侵略者屠殺人民暴行的鬥爭、1884年夏威夷人民反美鬥爭和中國人民在香港進行抗法抗英鬥爭對孫中山的影響等——如果聯繫這一切，我們有理由認為，孫中山少年時所受的反清革命的影響不僅不會消失，相反會因時勢的發展而日漸加強。因此，經過多年的積澱，到1885年孫中山由於清廷戰敗的刺激而立下反清革命之志，可以說是不奇怪的。孫中山在1900年發動惠州起義之前，在日本回答宮崎寅藏關於「中國革命思想胚胎於何時」的提問時曾這樣說過：「革命思想之成熟固予長大後事，然革命之最初動機，則予在幼年時代與鄉關宿老談話時已起。宿老者誰？太平天國軍中戰敗之老英雄是也。」[3]這不是無稽的比附，而是當時的實情。太平天國反清革命對孫中山的影響以後還一直存在，例如他在香港西醫書院讀書時，還常常談起洪秀全，稱洪秀全為「反清第一英雄」，慨歎他的事業很可惜沒有成功。[4]當然，這時的影響與少年時

2　尚明軒著：《孫中山傳》（北京市：北京出版社，1981年），頁7；魏宏運：《孫中山年譜》（天津市：天津人民出版社，1979年），頁2。下引該書同此版本，不再另注。

3　《與宮崎寅藏的談話》，《孫中山全集》第一卷，頁583。

4　陳少白：《興中會革命史要》，《辛亥革命》第一冊（上海市：上海人民出版社，1957年），頁24。下引該書同此版本，不再另注。

的最初影響在內容和程度上都會有很大的不同。

另一方面是西方資本主義教育的影響。由於特殊的家庭情況，孫中山成為當時能直接接受西方資本主義教育的極少數中國人之一。從1879～1885年的六年間，孫中山曾先後就讀於檀香山幾所外國教會學校和香港拔萃書室、香港中央書院，其結果是從文化知識及親身體驗中，對西方資本主義國家的情形有了初步的較為全面的瞭解。對於已經具有嚴重不滿現實情緒的孫中山來說，新的教育不僅是使他增長學識和閱歷，而且使他很自然地將中國與西方國家加以對照，尋找反差何以如此巨大的原因。這無疑會進一步培植和加強醞釀之中的反清革命思想。據陳少白記載，從檀香山返國後，孫中山對中國貧弱腐敗的情形感觸很深，「傷心之餘，以為國家為什麼這樣衰，政府為什麼這樣糟，推究其故，就是政府的權柄，握在異種人——滿洲人手裏，如果拿回來，自己去管理，一定可以辦好」[5]。而孫中山本人1923年在香港大學的一次演講中，則講到過去在香港讀書期間，經常將香港與家鄉香山及整個中國相比較，由探索「市政」的不同進而探索政治不同的原因，並由於聽人介紹英國及歐洲的政治變遷史而引起為何不能「改革中國之惡政治」的深思。緣此，孫中山將香港稱為自己革命思想的「發源地」。[6]雖然孫中山這段話講的多半是1885年之後在香港讀書時的情況，但對於瞭解在此之前他對比中西而產生的感受，似也可以作為一個重要的參考。

特別需要指出的是，與太平天國反清革命遺風的影響相比，西方資本主義教育的影響有一個很大的不同之處。如果說，前者主要給予孫中山一種反抗惡劣政治的榜樣，那麼，後者在肯定前者的基礎上，

5　同上書，頁26。

6　許師慎：《國父革命緣起譯注》，轉引自陳錫祺：《同盟會成立前的孫中山》（廣州市：廣東人民出版社，1984年），頁14-15。

還為他提供了一種建立善良政治的模式。儘管正如許多論者已經正確
指出的那樣，此時（1885年）孫中山還不可能有「創建民國」的政治
構想，更不可能達到民權主義的理論高度，但不可否認，這時孫中山
從所受的資本主義教育中，對西方國家的政治制度已有了一定的瞭
解，並且顯然是羨慕和嚮往的。在他的潛意識裏，未來的中國當然應
該是歐美一樣的民主型國家，雖然這還只是一個籠統而模糊的理想，
而不是經過深思熟慮之後形成的清晰而具體的共和國圖案。

　　總之，孫中山說1885年立下了「傾覆清廷、創建民國」之志，從
提法上來看是不確切的，容易與後來才提出的文字大致相同的民主革
命綱領相混淆，但徵諸史實，其中又包含著符合歷史真實的東西，這
就是他當時在思想上確實已有了要推翻清朝，要建立歐美式新型國家
的強烈願望。

二　孫中山上書李鴻章與他立志革命乃至發動反清起義有何種關係

　　既然孫中山在1885年產生了反清革命思想，那麼如何解釋1894年
他上書李鴻章之事？這是研究孫中山早期政治思想遇到的又一個重要
問題。以往研究中有這樣一種基本思路，就是把孫中山的早期思想按
照中國近代思想史上的分野，分為改良和革命兩個互不相容、互相對
立的部分，然後加以評說。要麼是既然立志革命，那麼上書李鴻章要
求改良就不大可信，或者只是某種程度的動搖、迷誤；要麼是既然有
改良的言行，那麼早年立志革命就不大可信，或者只是偶然的、一時
的情緒波動。由此形成了兩種完全相反的觀點。一種認為《上李鴻章
書》表明孫中山當時仍是一個改良派人士；另一種認為《上李鴻章
書》只是表面文章，上書的真實意圖是策動李鴻章反滿，與改良無

關。兩說都有相當的道理。但既然分歧如此之大，其間就還有值得進一步探討的地方。筆者認為，為了獲得新的認識，對以上問題不妨換一種思路來進行考慮。

第一，要把《上李鴻章書》等文獻中所提出的主張與改良派的整體思想明確地區別開來。

以往論孫中山《上李鴻章書》等文獻的基本傾向，往往將其籠統地稱之為「改良」思想，與改良派的整體思想混淆在一起，進而從改良與革命的一般對立中，推論出孫中山思想上改良與革命之間的具體對立。其實，這一推論的前提是有問題的。兩相對照，孫中山上書中的主張與改良派思想既有相同之處，更有不同之處，而不同之處是主要的。相同之處是，在如何借鑒西方富強的經驗，建設一個近代化的中國等問題上，兩者有一些類似的主張。不同之處在於，改良派是要用改良來解決中國面臨的一切重大問題，形成了一種根本的思想觀點和根本的行動方式；改良之所以成為一大政治派別，一大政治思潮，其原因就在於此。從整體特徵上說，改良與革命思想、革命道路是對立的。孫中山則不然。他的上書主張只是他政治思想的一個部分、一個層次；這一主張只是試圖用來解決某一方面的問題，而不是用來解決一切重大的問題。例如，在《上李鴻章書》中，通篇都沒有或很少提及當時列強侵華所造成的嚴峻局勢，清朝在政治上存在的嚴重弊端，及對此應當採取的對策，這與康有為1888年的《上清帝第一書》和1895年的《上清帝第二書》相比，無論在愛國熱情的蓬勃、政治眼光的遠大，還是在變革主張的周詳上，都遠為遜色。是孫中山對上述重大問題沒有感受和認識嗎？不是。他之所以沒有談及這些問題，是因為他並不主張用改良的方法，而是正在醞釀以革命的方式來解決中國政治上存在的根本問題。

因此，對於孫中山來說，他的上書主張與他的革命思想並不是相

互對立而是相互補充的關係。以經濟建設來謀求中國的富強,以革命
來清除清朝的腐敗,孫中山當時實際上是同時思考著這樣兩個問題。
雖然在一段時間內,他對如何處理兩者之間的關係在認識和實踐上都
未予以明確的解答,但這兩方面的思考,分別就其內容而言,並無什
麼矛盾之處。準確地說,孫中山的上書主張不宜籠統地稱為「改良」
思想,而應稱為經濟建設思想,以便與改良派的思想體系區別開來。
在上書李鴻章之後的歲月中,孫中山首先宣導和領導了反清民主革
命,但經濟建設的念頭並未因此而放棄。相反,他一直不忘建設的問
題,民國剛成立只有幾個月,就指出:「中國乃極貧之國,非振興實
業不能救貧,僕抱三民主義以民生為歸宿,即是注重實業。」[7]在
1917~1919年所寫的《建國方略》中,孫中山二十餘年前形成的經濟
建設思想進一步發展成為六種實業計劃,作為「物質建設」的遠大規
劃而與「心理建設」和「社會建設」一道,構成了他將中國建設成為
一個「政治最修明、人民最安樂之國家」的宏偉理想。可見,在內容
上,孫中山的上書主張從屬於他自己特有的思想體系,而與改良派思
想有著重大區別。

　　第二,在孫中山早期,反清革命思想與經濟建設等思想是同時並
存和分別發展的,都佔有重要的地位。

　　如前所述,孫中山在1885年已產生了反清革命思想。隨後的史實
表明,到《上李鴻章書》之前,他的革命思想有更多的流露和表現。
比如,孫中山在廣州博濟醫院習醫時與鄭士良談革命;在香港西醫書
院學習期間因常與陳少白、尤列、楊鶴齡談革命,而被港澳親友呼為
「四大寇」;1893年冬與尤列、鄭士良、陸皓東等人在廣州城南廣雅

7　《在上海中華實業聯合會歡迎會的演說》,《孫中山全集》第二卷(北京市:中華書
　　局,1982年,頁339)。下引該書同此版本,不再另注。

書局南園抗風軒開會，商量成立以「驅除韃虜，恢復華夏」為宗旨的革命團體興中會[8]；在上書李鴻章之前，曾對陳少白講過「將來有機會的時候，預備怎樣造反」[9]的話等，都是人們所熟知的。這些都確乎表明了孫中山革命思想的存在，並呈日漸發展的趨勢。

但是，能否根據這些記載就認為此時孫中山的政治思想完全為革命所佔據，所想所言所做都是為了革命，已經稱得上是一個完全的革命者呢？似乎不能。據全面考察，革命思想只是孫中山政治思想的一部分，與此並存的還有人們通常稱為「改良」，而筆者前已正名為經濟建設的思想以及其它社會改革思想，這些思想與革命思想幾乎是同時孕育起來的。在家鄉私塾讀書時，孫中山就曾對蓄奴、纏足、崇拜偶像等惡俗進行過抨擊。[10]在檀香山求學期間，孫中山通過接受西方資本主義教育，對本國落後的狀況感受更深，課餘「輒與同國同學諸人相談衷曲，而改良祖國，拯救同群之願，於是乎生。當時所懷，一若必使我國人人皆免苦難，皆享福樂而後快者」[11]。1890年孫中山致書鄭藻如，表示「欲以平時所學，小以試之一邑」，希望在鄭的提倡下，在家鄉試行興農桑、戒鴉片、設學校等三事，以興利除害。[12] 1891年前後孫中山著《農功》一文，闡述農政改革之理，指出：「以農為經，以商為緯，本末備具，鉅細畢賅，是即強兵富國之先聲，治國平天下之樞紐也。」[13]1894年孫中山更上書李鴻章，提出了作為「富強之大經，治國之大本」的四條綱領，即「人能盡其才，地能盡

---

8 馮自由：《革命逸史》初集，頁26。

9 陳少白：《興中會革命史要》，《辛亥革命》第一冊，頁29。

10 魏宏運著：《孫中山年譜》，頁2。

11 《在廣州嶺南學堂的演說》，《孫中山全集》第二卷，頁239。

12 《致鄭藻如書》，《孫中山全集》第一卷，頁1-3。

13 《農功》，《孫中山全集》第二卷，頁6。

其利，物能盡其用，貨能暢其流」[14]。所有這些，都反映了孫中山政治思想中與革命思想並行發展的另一條線索。

綜觀孫中山早期政治思想發展的全過程，革命思想和經濟建設等思想始終並存，雖然兩者的發展並不平衡，但同時都呈逐漸豐富完善的趨勢。

有的論者認為，孫中山的「改良思想」有當時的文獻材料可證，因而確鑿可靠，而革命思想僅見之於後來的回憶，因而不甚可信，兩相比較，只能說孫中山當時是改良派人士。筆者以為這種看法欠妥。從現有孫中山本人及其它人回憶的有關孫中山早期革命思想產生和發展過程的材料看，的確存在著某種說法不一、內容含糊、有所誇大的情況[15]，需加以分析，不可盡信。但是，由於這些回憶材料並非僅見於孫中山某一時期的某篇言論，也並非僅見於他本人的言論，而是有孫中山和與他相知相交甚稔的當時人、當事人在不同時期與從不同角度所作的回憶，不少回憶還列出了相當具體的根據。把這些回憶材料綜合起來考察，並聯繫當時的背景和具體歷史條件加以分析，筆者認為，從中是可以得出孫中山當時已形成了反清革命思想的結論的。

還有的論者認為，既然孫中山1885年已決志革命，此後便是如同他本人所說的「革命言論之時代」和「革命運動之開始」[16]，「改良」思想要麼不重要，要麼不可信，特別是上書李鴻章，名為求知於當道，實則作革命之謀劃。這一觀點也是值得商榷的。前已提及，對孫

---

14 《上李鴻章書》，《孫中山全集》第一卷，頁8。

15 如孫中山在《建國方略》中說：「予與陳、尢、楊三人常住香港，昕夕往還，所談者莫不為革命之言論，所懷者莫不為革命之思想，所研究者莫不為革命之問題。四人相依甚密，非談革命則無以為歡，數年如一日。」（《孫中山全集》第六卷，第229頁）引文中「革命」具體指什麼，就比較含糊；數年之中四人交往只談「革命」，揆之情理，似有一定的渲染成分在內。類似的例子還有一些。

16 《建國方略》，《孫中山全集》第六卷，頁229。

中山本人的回憶材料要進行分析，不可簡單照引。孫中山在寫《建國方略》中的「有志竟成」一章時，其目的是「追述革命原起」，而非全面審視自己早期政治思想的發展，因而所列材料自然無不與革命有關，對其它言行事蹟材料則多有省略，最明顯的就是根本沒有提及作為重要活動之一的上書李鴻章這件事。作為革命歷程的回憶，孫中山當然可以只寫早期言行的革命部分，但不能據此認為，他的早期言行只有革命部分。至於上書李鴻章是為了策動反滿說，雖然早在民國初年就曾流行，但至今尚未見到可靠的史實根據，從諸多方面分析，策李反滿之事也難以令人相信。[17]

要之，這一時期孫中山的革命思想和經濟建設等思想同時並存而不是此消彼長，是一個基本的事實。承認兩者的並行不悖，似乎比只強調某一方面的發展，更能對孫中山早期政治思想的面貌做出合理的解釋。

第三，在實踐上，孫中山1895年終於走上發動反清起義的道路，這是他積極進行多種社會實踐活動後的現實選擇，同時也是革命時機相對成熟給予刺激推動的結果。

孫中山於1894年6月上書李鴻章而被拒，半年之後，在檀香山成立了以反清革命為宗旨的興中會[18]，隨即便籌畫了廣州起義。這種順序一方面容易給人造成一種錯覺，即孫中山是由於「改良」道路走不通才開始轉向革命；一方面又被另一種觀點解釋為是革命實踐中不同策略的運用。這些看法中雖然不無某些合理的因素，但都還沒有恰當

---

17 余承璞：《也論孫中山上書李鴻章》，《湘潭大學學報》1990年第3期。

18 林增平先生經過嚴密的考證，認為檀香山興中會成立時並無「驅除韃虜，恢復中華，創立合眾政府」的秘密誓詞（見《歷史研究》1987年第1期），這是一個重要的見解，但據此似乎還不足以否定興中會基本上是一個革命團體。參閱李時嶽《評關於孫中山早期政治思想的兩種新說》，《史學集刊》1989年第3期。

地反映出事情的本來面目。事實上,從孫中山早期的整個實踐活動來看,他所走的既不是一般的從改良到革命的道路,也不是簡單的革命實踐的道路。他的實踐有著更為複雜、更為豐富的內容,而這是由當時具體的歷史條件所決定的。

前已指出,在早期孫中山身上,同時並存和發展著革命思想和經濟建設等思想。然而,從社會實踐的角度來看,無論是孫中山的革命思想還是經濟建設等思想,在相當一段時期內,都缺乏付諸實踐的條件。

在謀求經濟建設的實施方面,孫中山在1890年《致鄭藻如書》中曾經這樣寫道:「某留心經濟之學十有餘年……翹首以期用世者非一日矣,每欲上書總署,以陳時勢之得失。第以所學雖有師承,而見聞半資典籍;運籌縱悉於胸中,而決策未嘗施諸實事:則坐而言者,未必可起而行。此其力學十餘年,而猶躊躇審慎,未敢遽求知於當道者,恐躬之不逮也。」[19]這是從個人言與行的差距來談為何遲遲未上書當道以求用世。在1894年《上李鴻章書》中,孫中山則講到與此有關的社會條件的不具備:「夫天下之事,不患不能行,而患無行之之人。方今中國之不振,固患於能行之人少,而尤患於不知之人多。……此昔日國家每舉一事,非格於成例,輒阻於群議者。此中國之極大病源也。……中國有此膏肓之病而不能除,則雖堯舜復生,禹皋佐治,無能為也,更何期其效於二十年哉?此志士之所以灰心,豪傑之所以扼腕,文昔日所以欲捐其學而匿跡於醫術者,殆為此也。」[20]加上年齡、聲望、與上層官方人士缺乏聯繫及對清廷所懷抱的厭惡憎恨情緒等因素,孫中山欲將經濟建設等主張付諸實踐是殊為不易的。

---

19 《孫中山全集》第一卷,第1頁。

20 同上書,頁15-16。

　　實行反清革命的條件亦不具備。在中日甲午戰爭之前，清朝舉辦了數十年的洋務運動，雖然很不如人意，但以其所取得的一定成效，似乎還給人某種慰藉；進步人士揭露和批評洋務運動的局限和弊端，一般希望的還只是自上而下實行變法以求富強，言革命、圖革命者尚屬鳳毛麟角；下層勞動群眾中一直蘊藏著反清的革命情緒，但也還未形成一觸即發、爆發大規模武裝起義的時機。孫中山自1885年立志革命後的近十年，在其生活圈子所接觸的人之中，他可以與之談革命者屈指可數，其它人則往往聞之而驚駭，避之恐不及。革命雖可談卻還不能見諸實行。

　　不過，孫中山的獨特和可貴之處就在於：他不僅注重於「知」，而且尤其注重於「行」；他一旦產生了這種或那種思想，就力求與自己的實踐結合起來；他雖然不能超越於客觀歷史條件的制約之上，但他總是在可能的範圍之內去不斷探索和嘗試，將人的主觀能動性發揮到最大限度。因此我們所看到的早期的孫中山，就不但是一個積極思考著的孫中山，而且是一個積極行動著的孫中山。但這種行動因而也就是多種形式的，不斷變化、彼此交叉的，恰如當時的社會一般，呈現出複雜的情況，而不能簡單以從改良到革命或單純革命實踐的模式加以規範。與孫中山早期政治思想聯繫密切的實踐性活動大致可分為以下三段：

　　1. 1886年入廣州博濟醫院附設醫校學醫之前為第一階段。這一階段孫中山曾嘗試運用所學新知識在家鄉進行一些改革。比如1883年自檀香山返鄉後，他被推為宿老議員之一，對自治鄉政提出不少建議，多被採納。[21]但他所提出的一些較為激烈的主張，如破除對木偶神象的崇拜等，則遭到人們的反對和指責，甚至還要驅逐他。魏宏運

21　《與宮崎寅藏的談話》，《孫中山全集》第一卷，頁584。

著：《孫中山年譜》，第4頁。這時孫中山實踐活動的範圍還相當狹窄，內容也比較簡單。

2. 從1886年開始學醫到1894年春棄醫前為第二階段。孫中山選擇學醫的原因，用他自己的話說，是「以醫亦救人苦難術」。但這一階段的實踐活動並沒有僅限於醫人。隨著孫中山政治思想的發展，如何醫國便逐漸成為更重要、更迫切的問題。對此變化過程，孫中山後來有過這樣一段回憶：「然借思醫術救人，所濟有限，其它慈善亦然。若夫最大權力者，無如政治。政治之勢力，可為大善，亦能為大惡，吾國人民之艱苦，皆不良之政治為之。若欲救國救人，非鋤去此惡劣政府必不可，而革命思潮遂時時湧現於心中。惜當時附和者少，前後數年，得同心同行者不過十人。得此十人，即日日籌畫，日日進行。」[22]由此可見，這一階段孫中山實踐活動的中心雖然是習醫和從醫，但他顯然不是一個單純的職業醫生。他十分關注政治，胸中不時湧現革命思潮，在可能的範圍之內，開始著手進行了一些宣傳革命和組織革命的工作；孫中山後來將自己學醫的幾年稱為「革命言論之時代」，將行醫的幾年稱為「革命運動之開始」，筆者以為就是從這個意義上來說的。不過，由於此時客觀上尚未出現發動革命的有利時機，主觀力量上尚未形成發動革命的核心團體，孫中山本人尚在以醫為業，所以反清革命還不是一項現實的、可以成為實踐活動中心的事業。在「革命思潮遂時時湧現於心中」的同時，如何在經濟建設方面做些實事，也是孫中山考慮的醫國方式之一，這從他寫《致鄭藻如書》、《農功》及與鄭觀應、何啟等人的交往中可以清楚地看出來。這一階段是孫中山從醫人的個人濟世實踐逐漸轉變到醫國的社會政治實踐的階段，而他不只是考慮如何以革命醫國，並且還考慮能否以建設醫國。

---

22 《在廣州嶺南學堂的演說》，《孫中山全集》第二卷，頁359。

　　3. 從1894年春棄醫到1895年發動廣州起義為第三階段。政治思想的逐漸發展成熟，特別是反清革命思想的增強，是推動孫中山從醫人實踐完全轉變到醫國實踐的基本動力。此外，從醫的並不順利（先有澳門葡醫的排擠，後有醫院經費的短絀），也是孫中山最終棄醫的原因之一。棄醫之後，孫中山投身於醫國之業，首先設想的是在國家經濟建設尤其是農政建設方面幹一番實事，因為這看起來似乎比立即通過反清革命來改造整個國家要現實得多，於是有《上李鴻章書》。為此，孫中山花了好幾個月的時間來準備，並有北上天津的求見之行。但由於李鴻章拒見，孫中山的設想無法實現。在此情況下，孫中山便只能考慮以另一種辦法即革命的辦法來醫國。恰在這時，中日甲午戰爭爆發，戰爭的敗績彷彿重演了十年前那場戰爭（中法戰爭）的屈辱的一幕。如果說，十年前的孫中山受到戰敗刺激時，還只可能在思想上決革命之志；那麼，十年後的孫中山由於革命思想的不斷發展，而謀求建設的嘗試又毫無希望，加上各種條件的逐漸具備[23]，便不能不毅然將革命之志付諸行動。為此，他先在檀香山，後在香港和廣州大量進行了革命的鼓動、組織和聯絡工作，直到發動廣州起義。

　　評價孫中山第三階段的實踐活動，筆者認為有兩點值得注意。一是在上書李鴻章與策劃反清起義之間，確實存在著區別和轉變，這不僅有當時許多史實加以證明，而且和孫中山整個早期革命思想與經濟建設等思想並存的脈絡是一致的。不承認兩者間的區別和轉變，只從革命一方面來加以解釋，恐難令人信服。二是這一區別和轉變的程度不宜誇大。孫中山是在反清革命思想業已基本具備的情況下上書李鴻章的，對他來說，上書是一種現實的選擇，但又不是惟一的、抱有極大期望的選擇。他在上書之前，對上書被拒的可能性及對策應已有所

---

23 林增平：《孫中山民主革命思想的形成》，《歷史研究》1987年第1期。

考慮。因此，上書一失敗，孫中山便繼續北上「窺清廷之虛實」、「觀長江之形勢」[24]，開始作革命的打算了。這一轉變可以說並未經過特別的思想鬥爭過程，也不意味著孫中山的政治思想發生了根本的變化，不宜把它說成是孫中山由改良主義轉變到革命主義、由改良派人士轉變到革命者的界限。

---

24 《建國方略》，《孫中山全集》第六卷，頁229。

孫中山與康梁派合作的嘗試及其失敗原因

　　1903年，孫中山在《敬告同鄉書》一文中談到革命派與康梁派[1]的關係時指出：「革命、保皇二事決分兩途，如黑白之不能混淆，如東西之不能易位。革命者志在撲滿而興漢，保皇者志在扶滿而臣清，事理相反，背道而馳，互相衝突，互相水火，非一日矣。」[2]然而，兩派關係並非從來就如此對立。在戊戌政變前後幾年，孫中山與康梁派曾經有過一段進行合作的嘗試。合作雖未成功，其中原因卻值得深入探究。這對於充分認識孫中山的革命策略思想，以及客觀評價革命派與康梁派之間後來的對立，具有重要意義。

　　如果從1893年欲與康有為「結交」[3]算起，孫中山嘗試與康梁派合作持續時間達十年之久。在這期間，孫中山與康梁派之間雖不無矛盾衝突，但總的來看，兩者還是保持了正常往來、和平共處、相互協助的關係。這方面有以下幾件突出的事。

　　其一，戊戌前協作舉辦大同學校。該校是由日本橫濱僑商鄺汝磐、馮鏡如等人為教育華僑子弟，於1897年冬發起組織的。他們首先與孫中山商量，擬從國內延聘新學之士為教師，孫中山即主動推薦梁

1　即以康有為、梁啟超為代表的政治派別，一般戊戌政變前稱維新派，戊戌政變後漸稱保皇派及立憲派。本文因論及戊戌前後，故總稱康梁派。

2　《孫中山全集》第一卷，頁232。

3　馮自由：《革命逸史》初集，頁47。

啟超，並為酈汝磐寫了介紹信，讓他赴上海找康有為聯繫。[4]因梁啟超當時正擔任《時務報》主筆，康有為便改派徐勤赴日，並以陳默庵、湯覺頓、陳蔭農等幾位得力門生予以協助，還親自書寫了「大同學校」的門額。由徐勤擔任校長的大同學校建立後，在培養學生的愛國救國思想方面，做了大量工作。當然也灌輸了不少維新派的政治主張，如振興孔教、歌頌光緒及新政等等，變法失敗後「校中更採用《戊戌政變記》、《康梁詩集》為教材」[5]。徐勤、陳蔭農對孫中山也曾有排擠之事，但此時尚未導致兩派關係破裂。[6]

其二，戊戌政變後直接商談兩派合作。戊戌變法失敗後，康梁等人先後亡命日本，與旅日的孫中山、陳少白等人一樣成為逋客。在一年多時間中，兩派人物有過很多接觸、交往，並多次商談合作之事。對於兩派的合作，康有為態度十分冷淡，而梁啟超等人卻頗為熱心，「時梁及同門梁子剛、韓文舉、歐榘甲、羅伯雅、張智若等與總理往還日密，每星期必有二三日相約聚談，或主張革命排滿論調，非常激烈，因有孫、康兩派合併組黨之計劃，擬推總理為會長，梁副之」。但不久因梁啟超奉康有為之命赴檀香山辦理保皇會事務，「一切計劃

4　關於推薦梁啟超任教員及為酈汝磐寫介紹函，馮自由在《革命逸史》第六集中則云為陳少白所為，見該書頁10。

5　馮自由：《革命逸史》初集，頁51-52。

6　所謂排擠，據馮自由在《革命逸史》初集中記載，就是在大同學校會客室貼有「孫文到不招待」的字條，以致與孫中山發生爭端（見該書頁50）。此事為教員陳蔭農所為，但作為一校之長，徐勤也應負有責任。經調解後，事端得到平息。馮自由另在《革命逸史》第六集中則記述此事說：「未幾，橫濱有保皇分會之設，僑商之興中會員泰半加入，大同學校且有不許孫文到校之標語，梁啟超發刊《清議報》於橫濱，大倡勤王之說，由是兩黨交惡日甚。」（見該書頁11）似為了突出「戊戌後康黨之氣焰」而對事實有所誇張，與作者的其它記述不無矛盾之處。實際上，此時兩黨尚未「交惡」。

盡成泡影」[7]。但在臨行前，梁啟超仍「約總理共商國是，矢言合做到底，至死不渝。以檀島為興中會發源地，力托總理為介紹先生，總理坦然不疑，乃作書為介紹於其兄德彰及諸友」。[8]梁啟超抵檀香山十日後，還寫信對孫中山表示：「弟此來不無從權辦理之事，但兄須諒弟所處之境遇，望勿怪之。要之我輩既已訂交，他日共天下事必無分歧之理，弟日夜無時不焦念此事，兄但假以時日，弟必有調停之善法也。」[9]這裏所提到的「從權辦理」和「調停」，雖顯露了兩派之間存在的矛盾，但就梁啟超而言，合作之念似尚未完全放棄。不久，孫中山得知梁啟超向檀香山興中會員募款，並用之於勤王運動，曾寫信責其失信背約。但此後仍同意日人宮崎寅藏去新加坡向康有為遊說兩黨聯合之事，結果宮崎寅藏被康有為作為刺客告於當局，致其入獄，經孫中山親往搭救始獲釋放。[10]此事使孫中山非常失望，認為與「康黨」的合作已不大可能。[11]儘管如此，孫中山此時還是主張「對⋯⋯康有為一派也應重視，暗中聯絡」[12]。大概到1901年底或1902年初，孫中山對康梁派才完全泯滅合作之念。章太炎在此時所寫的一封信裏，談到孫中山與康梁派已是「相攻擊如仇讎也」[13]。

其三，共贊勤王自立運動。勤王自立運動是戊戌政變後康梁派進行的最重要的政治活動和惟一的一次武裝起義。實際參加這次運動的人員政治身份及傾向頗複雜，運動所發佈的綱領、宣言、口號也多有

7　馮自由：《革命逸史》初集，頁64-65。

8　馮自由：《革命逸史》第六集，頁13。

9　同上書，頁14。

10　同上書，頁14-15。

11　《與斯韋頓漢等的談話》，《孫中山全集》第一卷，頁194。

12　《與橫濱某君的談話》，《孫中山全集》第一卷，頁198。

13　《致吳君遂等書》，《章太炎政論選集》上冊（北京市：中華書局，1977年），頁162-163。

互相矛盾之處，但從整體看，勤王自立運動是以康梁派為主體組織發動的，基本政治主張仍限於君主立憲的框架之內。對這次政治運動，孫中山雖未直接參與其事，但給予了道義上和其它方面的大力支持。他與唐才常、林圭、秦力山等人都有「合作之約」。當唐才常等十餘人擬回國發動起義、離開日本時，孫中山出席了梁啟超等人舉行的餞別會，大家「各舉杯慶祝前途勝利，大有風蕭蕭兮易水寒之慨」。孫中山還為林圭介紹漢口某俄國商行買辦、興中會會員容星橋，後來林圭抵漢後亦大得容助。[14]

以上三事中，對於兩派關係最有代表性亦最引人注目的是兩派直接商議合作。當時兩派之有合作之議然又終究無法合作，其原因不能僅從當事人的個人動機、好惡著眼，而應透過當時特定的歷史背景，並從這兩大派基本政治態度的異同中去尋找實質性的答案。

第一個問題是，兩派為什麼會嘗試合作？此中原因固然很多，如孫中山等人同情遭受清廷迫害的維新人士，革命派需要擴大反清隊伍，梁啟超對兩派合作亦持積極態度，日本友人的熱心鼓動和聯絡，等等。這些重要因素論者多已述及，但其中還有幾個關鍵性的原因，有時易為人們所忽視或誤解，有必要著重加以指出。

第一，當時這兩大派都還處在開展政治鬥爭的初期，尚未形成直接的利害衝突，這是彼此相安進而謀求合作的基本前提。此時革命派的勢力和影響還不大，孫中山無論在革命理論還是革命方略上都還不盡完善。事實明顯，無須多論。何以說康梁派亦處於開展政治鬥爭的初期呢？這是因為，戊戌政變的發生，事實上為康梁派的活動翻開了新的一頁。他們失去了與帝黨的同盟，失掉了在國內活動的合法身份，因而也失卻了原來得心應手的各種鬥爭手段，一時甚至比革命派

---

14 馮自由：《革命逸史》第六集，頁18-19。

還顯得弱小無力。在新的處境下如何生存，如何發展，如何實現維新未竟之志，乃是康梁等人正在探索的重大問題。由於兩派力量都很弱小，因此都在積極爭取僑商的財力支持，會黨的武力配合，以及部分清軍將士的軍事援助。這本來會導致兩派直接利害關係的衝突，但由於此時雙方尚處於鬥爭初期，兩派實際開展活動的範圍都不大，並相對地有特定的區域（如籌畫武裝鬥爭革命派集中於廣東，康梁派則主要運動於長江中游及附近地區），所以彼此暫時並無大礙。加上都感到力量的不足，因而有相互聯絡、配合的願望。

第二，兩派在鬥爭對象和鬥爭手段上相當接近，這是雙方產生合作之議的主要條件。過去，史學界流行著戊戌政變後康梁派即由進步變為反動，保皇一開始就與革命勢不兩立的觀點。這是對康梁派很大的誤解。事實恰恰相反，戊戌政變後的兩年間，正是康梁派與革命派最為接近的時期。在鬥爭對象上，革命派將矛頭指向腐朽的清王朝，以顛覆清廷為己任，而康梁派則視實際掌權的慈禧、榮祿集團為仇敵，欲一舉將其打倒。不論兩者在指導思想和最終目的上有何區別，但他們都不承認清朝現政府的統治，這是一致的。在鬥爭手段上，革命派積極籌畫武裝起義，康梁派也同樣在籌畫武裝起義，梁啟超曾稱之為「以兵力行維新」[15]。革命派始終堅持以暴力反清，屢敗屢起，康梁派因起兵勤王之役的失敗而不再言兵，則是後期的事。論者往往因康梁派起兵勤王的目的是要保救光緒皇帝以使之復辟，便認為他們是要維護清朝統治，而與革命為敵。這只看到了表面現象。事實上，當時光緒帝已根本不成其為清朝的代表，他只不過是康梁派進行政治鬥爭可資利用的工具。儘管康梁派口口聲聲說要報答「聖恩」，要勤王復辟，以此顯示他們的一片忠誠，可是，按照光緒帝於政變前賜給

---

15 《致南海夫子大人書》，丁文江、趙豐田編：《梁啟超年譜長編》，頁217。

維新派的密詔，是要他們既妥速籌商「俾舊法可以全變」的良策，但又不要違背慈禧太后「不願將法盡變」的「聖意」。[16]而維新派從「營救」皇上開始，就沒有遵循光緒帝的意志。從「誅祿錮後」的策劃到偽造密詔、發動勤王起義的行動，康梁派都是按照自己的既定政治方針行事。當康梁派要以武力推翻現存的清朝腐敗政府時，絕不能說「保皇」就等於對抗革命的「保清」。正因為在鬥爭對象和手段上的這種接近，梁啟超等人嘗稱「起兵勤王」為「革命」。雖然它不完全是革命派所主張的反清革命，但兩者確有共同點，這應該是沒有疑問的。兩派的合作之議，正可視為雙方求同的一種表示。

　　第三，孫中山對康梁派抱有積極主動的態度，這是兩派得以進行合作嘗試的重要而直接的原因，早在戊戌前孫中山倡設農學會於廣州時，就「嘗請康及其徒陳千秋等加入」，當戊戌政變發生，孫中山聞知康有為避地香港，王照、梁啟超匿居日本駐華公使館時，便即刻「商諸日本志士宮崎寅藏、平山周等，請其到中國救助康等出險」。康梁等人到日本後，又「擬親往慰問」[17]。雖屢遭康有為冷遇，卻不予計較，繼續坦誠地謀求兩派的聯合，不斷給予康梁派道義上的聲援和行動上的幫助。在整個嘗試合作的過程中，孫中山始終是主動者。如果沒有這種主動，儘管具備了前述其它條件，兩派也不會有那麼多的接觸和商談。

　　對於孫中山的一再主動聯合康梁派，有種觀點認為是孫中山此時對改良與革命的本質不同還認識不清。筆者認為，改良和革命都是歷史性的概念，不會是一成不變的；況且，兩者在中國近代都是具有進步性的運動（當然進步性有大小之分），相互間並不存在絕對對立的

---

16 趙炳麟：《光緒大事匯鑒》卷九，轉引自湯志鈞：《戊戌變法史》，頁418。
17 馮自由：《革命逸史》初集，頁47-49。

關係。改良與革命究竟是相容還是相斥，要依據一定的歷史條件而定。在戊戌政變前，改良運動比革命派的活動影響更大，而政變後的兩年，康梁派由於以武力勤王自立，與革命派可說實際上保持著大致相同的政治方向。當時孫中山的確沒有預見到康梁派後來會由起兵勤王變為擁清立憲（包括沒有預見到清廷會有預備立憲之舉），兩派會展開那樣激烈的論戰，但他對兩派的原則性差別還是很清楚的，否則就不會堅持要求康梁派「改弦易轍」了。即使孫中山有過那樣的預見，在康梁派當時還願意以武力與清朝當權者作鬥爭的情況下，恐怕也仍然會對他們採取聯合的態度，因為這種聯合主要體現了孫中山一貫的革命策略思想。像在策劃惠州起義的過程中，孫中山甚至曾試圖爭取李鴻章的「合作」，實行兩廣「獨立」，也正是其革命策略思想的鮮明體現。

第二個問題是，兩派的合作為何終不成功？論者一般認為，其原因主要是由於康有為的反對，這與他常以帝師自居，固執己見，夜郎自大，看不起革命派有很大關係。這一說法是有道理的，康有為為人頗自負，他嘗說：「吾學三十歲已成，此後不復有進，亦不必求進。」[18]驗於後來的事實，此話雖不完全準確，但他思想上的孤芳自賞、戀舊如新的確表現得很突出。並且，康有為過分看重同門關係，對康門弟子圈外的人士很難大度接納，梁啟超對此亦曾屢屢表示過不滿。不過平心而論，在東京當孫中山等人試圖對康梁派加以聯絡時，康有為本人雖盡力迴避，但還是允許以梁啟超作為代表與革命派進行接觸；當無法迴避而與陳少白交談時，也只是堅持自己的政治主張，並未表現得格外盛氣凌人。離日本赴加拿大後，也未一概禁止其弟子與革命黨往來。只是當他得知梁啟超與孫中山有兩黨合併之議，且擬

---

18 《清代學術概論》，《梁啟超史學論著四種》（長沙市：嶽麓書社，1985年），頁87。

推孫為會長、梁為副會長時,才勃然「大怒」,命令梁啟超離開日本。[19]筆者認為,康有為之反對與革命派合作,除了個人性格上的因素外,還有更重要的原因,這就是兩派在根本政治宗旨上存在著深刻的分歧,而這也是兩派合作終究不能成功的基本原因。

如前所述,戊戌政變後康梁派由於決心起兵勤王,因而與革命派在鬥爭對象和鬥爭手段上有了相當程度的接近。但是,在根本的政治宗旨上,兩派分歧仍然是嚴重的。革命派要反對整個滿洲貴族的統治,康梁派只反對掌權的頑固勢力尤其是慈禧、榮祿等當權者;革命派要消滅君權,康梁派卻要借助君權,對於有「知遇之恩」的光緒皇帝,更是充滿了眷念之情;革命派以民主共和為鬥爭的目的,康梁派則堅持只能行君主立憲;等等。在事關根本宗旨的問題上,兩派都是寸步不讓的。對此,馮自由在《革命逸史》中曾有一段記述:「數日後,總理派少白偕平山至康寓訪謁,康、梁出見,在座有王照、徐勤、梁鐵君三人。少白乃痛言滿清政治種種腐敗,非推翻改造無以救中國,請康改弦易轍,共同實行革命大業。康答曰:『今上聖明,必有復辟之一日。余受恩深重,無論如何不能忘記,惟有鞠躬盡瘁,力謀起兵勤王,脫其禁錮瀛臺之厄,其它非余所知,只知冬裘夏葛而已。』少白反覆辯論三句鐘,康宗旨仍不少變。」[20]不僅康有為如此,徐勤等人亦如此。徐勤在當時寫給宮崎寅藏的一封辯白自己對孫文並無「攻訐陰私之事」的信中,明確表示「僕與中山樵宗旨不同,言語不合,人人得而知之」;因此,他儘管不主張兩派「互相爭鬥」,但對兩派的合作卻「反對甚力」。[21]

---

19 馮自由:《革命逸史》第六集,頁13。
20 馮自由:《革命逸史》初集,頁49。
21 馮自由:《革命逸史》第六集,頁11、13。

在根本宗旨上，梁啟超此時的態度與康有為等人有明顯的區別。他儘量在革命與勤王之間尋找共同點，而把兩派的分歧淡化為「方略」的不同。他在當時寫給孫中山的函劄中進行過這樣的表白：「至於辦事宗旨，弟數年來，至今未嘗稍變，惟務求國之獨立而已。若其方略，則隨時變通，但可以救我國民者，則傾心助之，初無成心也。」[22]梁啟超信中所說的「務求國之獨立」、「救我國民」，實際上就成為他與革命派求得某些共識的思想基礎。在1899年夏秋間，梁啟超還因與孫中山等人密切往來而受到影響，「咸主張革命排滿論調」，「漸贊成革命」，因而有兩黨合併之計劃。由於奉康有為之命赴檀香山辦理保皇會事務，計劃未能實行。這些史實表現了梁啟超在革命與勤王之間的某種搖擺，但最後還是擺回到康有為一邊。這不能簡單地以服從師命來說明，而仍然需要從他與革命派根本宗旨的不一致來分析。

首先，梁啟超並未真正接受革命派的根本政治主張。革命派排滿的實質，是要通過民族革命推翻帝制，建立民主共和國。對於這一點，梁啟超應該是十分清楚的。但他卻只是願將「務求國之獨立」及「救我國民」作為「辦事宗旨」；這一宗旨雖然在抽象的意義上與革命主張具有某種共同點，但在具體含義上卻大不相同：革命之獨立是推翻帝制後的獨立，革命之救民是以實行民主共和來救民，與戊戌政變前或政變後康梁派的「自立」論、「救民」說都不能混為一談。梁啟超說其宗旨數年來「未嘗稍變」，可見其宗旨仍只是維新派的宗旨，並未轉化為革命派的宗旨。其次，梁啟超是在根本宗旨不變的前提下來談兩派合作的。表面上，他把「革命」與「勤王」都不偏不倚地視為「方略」之一，似乎並無成見，可以隨時「變通」，但實際

---

22 同上書，頁13。

上,「勤王」才是他的基本政治傾向。儘管在情緒激昂時,他可以像革命派一樣高談排滿,然一旦平靜下來,他便退回到原有的政治立場,不是將自己「合」到革命派一邊去,而是要將革命派「合」到自己一邊來。這一點,只要看看梁啟超在到達檀香山約四個月後寫給孫中山的信就很清楚。信中說:「弟之意常覺得通國辦事之人,只有咁多(粵語,意為這樣多),必當合而不當分。既欲合,則必多舍其私見,同析衷於公義,商度於時勢,然後可以望合。夫倒滿洲以興民政,公義也;而借勤王以興民政,則今日之時勢,最相宜者也。……弟以為宜稍變通矣。草創既定,舉皇上為總統,兩者兼全,成事正易,豈不甚善?何必故劃鴻溝,使彼此永遠不相合哉。」[23] 這裏所講的「變通」,不是梁啟超變成革命派,而是欲將革命派變為勤王派。梁啟超指責孫中山「故劃鴻溝」,而事實上這道「鴻溝」即根本宗旨的差別對於雙方都是客觀存在的,不是輕易可以跨越的。

　　兩派根本政治宗旨存在深刻分歧的根源,主要在於雙方所代表的階級利益的不同,同時與兩派代表人物各自特殊的生活經歷也有很大關係。

　　從階級利益看,以孫中山為首的革命派所代表的是要求發展資本主義的社會中下階層的利益,而康梁派所代表的則是接近上層社會的資本主義改革勢力的利益;後來隨著民族資產階級的正式形成,雙方則分別成為民族資產階級中下層和民族資產階級上層的政治代表。正是出於不同的階級利益,革命派一方更加深切地感受到外國侵略與封建統治階級壓迫的痛苦,因而他們仇恨帝制,嚮往共和,迫切希望通過「排滿」使中國社會來一個迅速而徹底的變化;而康梁派一方雖然也對列強的瓜分、清廷的腐敗十分不滿,但因為他們與封建統治階級

---

23 丁文江、趙豐田編:《梁啟超年譜長編》,頁258。

有著種種聯繫，因而更為看重社會變革時的條理、秩序、規模和程度，他們對社會變革可能造成的破壞、混戰存有很大的憂懼。因此，他們不願廢棄君主，試圖通過「勤王」達到變封建專制為立憲政治的目的。儘管兩派的存在及其對清朝的鬥爭都是必然出現、不可缺少的，並且在客觀上起著一定的相互配合的作用，但由於階級利益的不同，他們在鬥爭中終究難以攜起手來。

　　從生活經歷看，兩派代表人物之選擇不同的政治宗旨也是不難理解的。孫中山生於貧苦農家，與下層社會曾有過血肉的聯繫，自幼對洪秀全的反清鬥爭充滿了景仰；從少年開始，就一直接受西式資本主義教育，在海外親身體驗到資本主義與封建主義兩種社會的巨大差異；其結交者中，多有反清之士互相唱和；1894年因上書李鴻章失敗而完全打破了先行致力於經濟建設之夢，隨即走上發動武裝起義的道路──這些都是他成為革命派領袖的重要條件。對比之下，康有為、梁啟超則大不相同。康梁都是在封建正統思想的薰陶下成長起來的，博得了舉人或進士的功名。當他們逐漸與封建思想決裂之時，舊思想的影響仍然相當明顯。在戊戌政變前的維新運動中，他們與帝黨官僚發生了密切聯繫，特別是得到了光緒皇帝的「知遇」，共同演出了彪炳史冊的「百日維新」一幕。這種體驗不能不使他們留下刻骨銘心的印象，而成為他們不肯棄君主、不願言共和的重要因素之一。

　　總之，孫中山與康梁派之嘗試合作但終不成功，是與兩派既有若干相通之處而又存在根本政治宗旨的分歧緊相聯繫。特別是後者，對爾後兩派展開「革命」與「保皇」的激烈論戰具有重要的影響。

孫中山「建立民國」的近代化意義

　　「建立民國」是孫中山在中國近代首先確立的政治目標。這一目標的內涵十分豐富，它既是資產階級革命派的政治綱領，又是他們的政治思想和政治實踐。作為政治綱領，「建立民國」始於興中會時期「創立合眾政府」的秘密誓詞；作為政治思想，在1905年《〈民報〉發刊詞》中，「建立民國」被初次表述為「民權主義」；作為政治實踐，從乙未廣州起義到中華民國宣告成立，孫中山領導的反清民主革命持續長達十七年之久。「建立民國」為孫中山一生奮鬥所追求，也是這位革命偉人留給後世的最有影響的遺產之一。

　　對孫中山「建立民國」的思想和實踐，史學界從反帝反封的角度作過相當充分而深入的探討。如果轉換視角，放在中國近代化的歷史進程中來分析，「建立民國」這一歷史性的建樹還有若干重要意義值得進一步加以揭示。

一

　　中國近代史不僅是反帝反封建的歷史，也是近代化的歷史。所謂近代化的歷史，並不是說中國近代像西方國家一樣，通過完成資產階級革命，建立資本主義社會，順利而成功地實現了近代化。中國有自己特殊的國情[1]。由於這種國情，中國在世界歷史發生由封建主義社

1　國情是一個含義非常廣泛的概念，可以將一個國家的地理、歷史、文化、人口、民情等諸多因素包括在內。

會向資本主義社會轉折的關頭，未能發生相應的轉變，甚至未能做好轉變的任何準備；由此導致中國在西方資本主義的衝擊下，不是變成一個資本主義社會，而是變成了一個半殖民地半封建社會，走上了一條與歐美資本主義國家及日本等國不同的近代發展道路，並導致未能完成本應在此歷史階段完成的近代化任務。但是，近代化未能成功，並不意味著不存在近代化的發展趨勢，正如反帝反封建鬥爭一再失敗，並不等於這些鬥爭沒有發生和繼續發展一樣。事實上（越來越多的研究表明），中國近代史是反帝反封建鬥爭與近代化演變相互交織並在總體上相互起著促進作用的歷史。正是在這樣的歷史進程中，孫中山「建立民國」的思想和實踐不但對反帝反封建鬥爭起了直接而重大的推動作用，而且被賦予了相當深刻的近代化意義。

在呈現近代化發展趨勢的中國社會諸多領域中，「建立民國」屬於政治領域。這一領域所要解決的根本問題是君主專制及後來以其它形式繼續存在的專制主義統治的問題，與此相對應，中國政治發展的近代化方向是逐步走向同世界潮流相一致的民主政治。在孫中山提出「建立民國」之前，先進的中國人在政治近代化的道路上已經走過了一段為時不短的富有探索性的歷程。

早在鴉片戰爭結束後不久，魏源、徐繼畬、梁廷枏等人在編撰世界史地著作時，就開始瞭解到西方國家有著與中國君主專制完全不同的政治制度（如英國的議會制度、美國的選舉制度和立法制度），並用「一變古今官家之局」[2]、「幾於天下為公，駸駸乎三代之遺意」[3]這樣高度頌揚的語句對其表示由衷的讚賞。隨後，馮桂芬有感於第二次鴉片戰爭中國再次慘敗於外國的奇恥大辱，開始對比中西政治制度，

2　魏源：《海國圖志》（鄭州市：中州古籍出版社，1999年），頁369。
3　徐繼畬：《瀛寰志略》（上海市：上海書店出版社，2001年），頁277。

明確指出中國「君民不隔不如夷」[4]，並提出「公黜陟」、「復鄉職」、「復陳詩」、「廣取士」等帶有濃厚復古色彩的建議，試圖解決君民相隔的問題，表明了對君主專制的弊端必須加以革除的重視。中國人開始意識到必須用西方的政治制度來改革中國的君主專制制度，是在洋務運動時期。這時人們集中關注的是西方議院制。從19世紀70年代到90年代初，許多人以各種形式撰文介紹英國、德國等國的議院，充分肯定既無君主制「權偏於上」之弊又無民主制「權偏於下」之弊的「君民共主」[5]制度，圍繞議院制而大力宣揚重民意、通下情、求公平等迥然有別於君主專制主義的政治思想觀念，並結合他們各自所理解的中國國情設計了種種具體的議院方案。這一時期設議院的普遍呼聲至少從形式上抓住了西方民主政治的核心部分，引導人們通過瞭解和認識西方民主政治的優越性，逐漸加深對中國君主專制落後性的反省，從而為中國政治近代化的真正起步做出了輿論上和心理上的準備。

中國政治近代化的全面起步始於維新運動。與早期改良派相比，戊戌維新派在政治改革實踐方案和政治思想理論方面取得了長足的進步。在實踐方面，維新派主張以「變政」作為近代化變革的中心，首先按照「三權分立」的原則對清朝現有政治體制進行重大的調整[6]，其次革除君主專制政治存在的諸種弊端，最後設立名符其實的民選議院，完成從君主專制到君主立憲的轉變。在思想理論方面，維新派的

4　馮桂芬：《校邠廬抗議》（鄭州市：中州古籍出版社，1998年），頁198。

5　所謂「君民共主」，是當時人們對西方君主立憲制的一種中國式的並不正確的稱呼和理解。

6　其中最主要的措施是開制度局作為變法的領導機構和政權結構中的議政（立法）機構，以取代軍機處和總理衙門的中樞決策地位；制度局之下設十二局及地方新政局，分別剝奪六部及督撫藩臬的政治權力。見《請大誓臣工開制度新政局摺》，《傑士上書匯錄》。

最大特點是其主要代表人物以不同方式完成了確立民權思想的共同轉
變。由於有了民權思想的指導,他們的政治改革要求就從根本上突破
了君主專制的範圍,而帶有比較完整的政治近代化性質。其中,作為
維新派主要領袖的康有為還以大同理想的形式,對未來社會的民主主
義政治原則和民主共和政治制度進行了描述,成為中國近代政治思想
史上出現最早的民主主義。

所有這些,都是中國政治近代化的先行者,是政治近代化的時代
潮流在各個特定時期的反響,在不同時期對中國政治近代化的進程起
著應有的作用。孫中山提出並實踐「建立民國」的構想,與其前輩
(或同輩)在政治近代化的方向上具有一致性,但在政治近代化的程
度上卻進入了一個全新的階段。

二

為了清楚地說明孫中山「建立民國」的思想和實踐所具有的全新
的政治近代化意義,下面擬著重將其與早期改良派和戊戌維新派作一
比較。

第一,「建立民國」將民權與君權根本對立起來,主張徹底推翻
君主專制而建立人民的國家,從而宣告了帝制的必須終結,表現了政
治近代化的徹底性。

無論在中國還是在世界範圍內,君主專制都是古代社會政治的典
型象徵。政治近代化的首要任務,就是要打倒專制的君權,建立民主
的制度,以便為整個社會的近代化掃清最主要的障礙。在孫中山提出
「建立民國」之前,人們對君權還很自然地存在著濃厚的敬畏心理或
依戀心理。他們希望改善君權,卻絕沒有想到打倒君權;他們嚮往民
權,但同時又幻想民權與君權能夠完全一致。民權思想尚十分薄弱的

早期改良派認為完全的民權與完全的君權一樣，都是不可取的，最完美的政治制度應是兩者的結合。[7]充分肯定民權的合理性和必要性的維新派則將民權的生長和實現理解為君權自身的漸次演變（由君主專制而君主立憲而民主共和），並將君主立憲視為專制與民主之間一個必經的、不可逾越的歷史階段；人們固然可以為政治的進步做出種種努力，但對君權的存在必須加以容忍，對民權的成功必須耐心期待。在這種情形下，人們的近代政治意識還是大受束縛的，未能與古代政治意識即擁戴君權的意識徹底劃清界限。

孫中山提出「建立民國」，徹底破除了對君權的敬畏心和依戀心，把立足點完全放到了民權一邊，表明了用全新的近代政治取代過時的古代政治、兩者之間絕無調和餘地的態度。孫中山做出這種政治抉擇，不是沒有依據的。

一方面，是因為他對君主專制的腐朽性和與民權的勢不兩立性有更為深刻的洞悉。早在1894年撰寫的《檀香山興中會章程》中，孫中山就指出中國之所以屢受外國欺凌，是由於清朝「以庸奴誤國，塗〔荼〕毒蒼生，一蹶不興，如斯之極」，大聲疾呼「亟拯斯民於水火，切扶大廈之將傾」[8]。經歷「倫敦被難」事件後，孫中山對清朝政治的審視更為明晰。他將「中國現行之政治」高度概括為百姓一切無權和朝廷「操有審判之全權」，「是故中國之人民，無一非被困於黑暗之中」。[9]在此情況下，「目前中國的制度以及現今的政府絕不可能有什

---

7 所謂「君可而民否，不能行，民可而君否，亦不能行也；必君民意見相同，而後可頒之遠近，此君民共主也。論者謂：君為主，則必堯、舜之君在上，而後可久安長治；民為主，則法制多紛更，心志難專一，究其極，不無流弊。惟君民共治，上下相通，民隱得以上達，君惠亦得以下逮，都俞籲咈，猶有中國三代以上之遺意焉」（王韜：《弢園文錄外編》，北京市：中華書局，1959年，頁22-23）。

8 《檀香山興中會章程》，《孫中山全集》第一卷，頁19。

9 《倫敦被難記》，《孫中山全集》第一卷，頁50-51。

麼改善，也絕不會搞什麼改革，只能加以推翻，無法進行改良」。[10]他
特別揭露清朝統治「極其腐敗」，存在著「普遍的又是有系統的貪
污」，而這種貪污是產生中國四種巨大而長久的苦難即饑荒、水災、
疫病、武裝盜匪常年猖獗以致人民生命和財產毫無保障的主要原因，
「所以除非在行政的體系中造成一個根本的轉變，局部的和逐步的改
革都是無望的」。[11]同盟會成立的前一年，孫中山撰寫了《中國問題的
真解決──向美國人民的呼籲》一文，文中對在清朝二百六十年的統
治之下，中國人民遭受的「無數的虐待」進行了系統的清算，列為
「滿洲人」的十一項罪狀，包括謀取私利、種族壓迫、侵犯不可讓與
的人生權利、貪污與行賄、壓制和禁止自由、徵收沉重的苛捐雜稅、
最野蠻的刑罰等。[12]這十一項罪狀加上孫中山在《中國同盟會革命方
略》中列舉的滿洲「絕漢人生計者」（即經濟、財政方面的剝奪和壓
迫）十條罪狀[13]，可以說將君主專制為申張民權所不容、為社會發展
所不容、為時代進步所不容的理由陳述得極為充分。要特別指出的
是，孫中山雖然直接批判的是清朝政府，但同時又是將中國二千餘年
的「專制之禍」[14]與之聯繫在一起的。他十分清楚地說道：「至於民權
主義，就是政治革命的根本。將來民族革命實行以後，現在的惡劣政
治固然可以一掃而盡，卻是還有那惡劣政治的根本，不可不去。中國
數千年來都是君主專制政體，這種政體，不是平等自由的國民所堪受

---

10 《與〈倫敦被難記〉俄譯者等的談話》，《孫中山全集》第一卷，頁86。

11 《中國的現在和未來》，《孫中山全集》第一卷，頁88、89、95。

12 《中國問題的真解決》，《孫中山全集》第一卷，頁252。孫中山在1911年武昌起義
　爆發後與倫敦《濱海雜誌》記者的談話中，再次列舉了清朝統治的這些「主要虐
　政」（見《我的回憶》，《孫中山全集》第一卷，頁555-556）。孫中山當時將「滿洲
　人」排除在「中國人」的概念之外，是有局限性的。

13 《中國同盟會革命方略》，《孫中山全集》第一卷，頁315-317。

14 《平實開口便錯》，《孫中山全集》第一卷，頁388。

的。要去這政體，不是專靠民族革命可以成功。試想明太祖驅除蒙
古，恢復中國，民族革命已經做成，他的政治卻不過依然同漢、唐、
宋相近。故此三百年後，復被外人侵入，這由政體不好的原故，不是
〔做〕政治革命是斷斷不行的。……我們推倒滿洲政府，從驅除滿人
那一面說是民族革命，從顛覆君主政體那一面說是政治革命，並不是
把來分成兩次去做。」[15]可見，孫中山堅決摒棄君主專制，不但出於
現實的政治需要，而且出於深沉的歷史責任感。

　　另一方面，孫中山之所以選擇「建立民國」，還因為他對緊跟世
界政治的進步潮流抱有十分明確而堅定的信念。孫中山由於獨特的個
人經歷，很早就受到西方新式教育，從書本和親身體驗及與中國社會
的對比中，強烈感受到西方政治制度的先進性，受民主共和精神的
影響極大。他非常明確地表示：「余以人群自治為政治之極則，故於
政治之精神，執共和主義。」[16]照此主義，就是要「新建一個共和
國」[17]、「建一頭等民主大共和國」[18]，或更具體地說，就是「建立共
和政府，效法美國，除此之外，無論何項政體皆不宜於中國」[19]。孫
中山並非不知道中國現實政治與民主共和之間的重大差距，他的信念
是：政治改革應「取法乎上」，「總要擇地球上最文明的政治法律來救
我們中國，最優等的人格來待我們四萬萬同胞」，就好比修鐵路一
樣，要使用「近日改良最利便之汽車（指火車）」，而不是用最初發明
的火車。[20]孫中山的具體論點還有可以商榷之處（如效法美國政體、

---

15 《在東京〈民報〉創刊週年慶祝大會的演說》，《孫中山全集》第一卷，頁325。

16 《與宮崎寅藏平山周的談話》，《孫中山全集》第一卷，頁172。

17 《離橫濱前的談話》，《孫中山全集》第一卷，頁189。

18 《在東京〈民報〉創刊週年慶祝大會的演說》，《孫中山全集》第一卷，頁279。

19 《在巴黎的談話》，《孫中山全集》第一卷，頁563。

20 《在東京中國留學生歡迎大會的演說》，《孫中山全集》第一卷，頁281、280；《駁
　保皇報書》，《孫中山全集》第一卷，頁236。

以使用火車比喻採用政體），但他的見解中貫串的不甘落後於世界、力求使中國走在世界政治近代化前列的精神無疑是值得充分加以肯定的。要之，孫中山對「建立民國」的選擇，標誌著中國人的君國政治意識經過二千年的延續和鴉片戰爭以來數十年的動搖之後，終於歷史性地發生了轉折，它是中國君國舊曆史與民國新歷史之間一個最有代表性的交接點。

第二，「建立民國」顯示了人民自己掌握國家命運、自己開拓政治近代化進程的歷史主動性和創造性。

在孫中山力倡「建立民國」之前（或同時），許多先進的中國人欲達到自己的政治目標，在很大程度上還是希望借助外在於自己的權力，實際上也就是君主的權力。早期改良派鼓吹的議院從設置、運轉到發揮諮詢的效力，都需要得到君主的認可，且不能超出君主所允許的範圍。維新派把一切改革的希望寄託於以君權變法，如果君權不變法，他們往往束手無策，徒呼奈何。由於相信和指望君主一旦「乾綱」獨斷，中國變法圖強便能易於反掌[21]，維新派始終將自己的活動圍繞君主這個軸心進行轉動。君主的榮辱存廢，最高統治集團內部鬥爭的起伏成敗，對維新派及維新運動的命運幾乎起了完全的支配使用。很顯然，這些仍然是帶有濃重的古代政治色彩和氣息的行為方式（當然不完全是古代政治行為方式，其中已包含著維新派的政治指導意識和政治權力意識等新因素）。雖然在戊戌年之後的立憲運動中，立憲派運用了多種對朝廷施加政治壓力的新的政治活動方式（如成立立憲團體、開展請願運動），但由於他們仍然以君主是否恩准為轉移，所以其政治獨立性還是不高。

孫中山則大不相同。「建立民國」由本身的性質所決定，不可能

---

21 《康有為政論集》上冊，頁136、147、161。

對君權抱有任何幻想。雖然以孫中山為首的革命派也要借助各種政治勢力的幫助，但從根本上說，要完成「建立民國」的任務，終究主要只能依靠革命派自己。由於將基點置於自己的奮鬥之上，人們進行歷史活動的主動性和創造性得到了極大的發揮。從率先成立革命團體，到連續不斷地組織發動反清武裝起義，從爭取世界各國對中國革命的理解、同情和支持，到把國內各派反清勢力彙集於三民主義的旗幟之下，孫中山正是在百折不撓的自主自立的奮鬥中，逐漸具備了傑出的鬥爭才能、組織才能、宣傳才能、外交才能，培養了宏大的氣魄和高尚的品德，成為眾望所歸的具有巨大政治能量的革命領袖。革命派的隊伍日漸壯大，革命運動日益高漲，湧現了一大批足以擔當建國立國重任的人才，並終於完成了推翻帝制、建立中國歷史上第一個資產階級民主政權的使命。與此相比，對君權存在很大依賴性的維新派和立憲派其歷史主動性和創造性要弱得多，其獲得的政治成果也有限得多。

第三，「建立民國」具有實現政治近代化的現實緊迫性，它將康有為等人空想、漸進的民主主義變成了革命民主主義。

純粹從理論上看，維新派和立憲派的民主主義並不比孫中山的遜色。康有為在孫中山提出「建立民國」之前，就基本上形成了以大同空想為形式的民主主義思想，並在較晚正式寫成的《大同書》中作了精彩的表述。緊隨康有為之後，戊戌政變後流亡到日本的梁啟超寫下了一系列宣傳和闡釋民主主義的文章，以其新穎性和透闢性贏得了廣泛的聲譽，產生了重大的影響。然而，他們的民主主義有一個致命的弱點，就是其空想性和漸進性。康有為的大同民主政治與消滅國家、消滅階級、消滅家庭、消滅種族界限等極為遙遠的目標緊密聯繫在一起，是千百年後才有可能實踐的事；對於正在進行反對君主專制現實政治鬥爭的人們來說，它固然可以使其獲得某種鼓舞和慰藉，卻畢竟

難以對加速政治近代化進程起直接的推動作用。更何況，康有為的大同思想一直秘不示人，僅在人數極少的圈子內進行過傳播。《大同書》部分章節的公開發表，最早已到了民國建立之後。作為空想民主主義者，康有為對人們欲將民主共和制度立即付諸實行的努力是堅決反對的，所以他一直未給人們留下民主主義者的印象。以梁啟超為代表的立憲派主要強調民主主義的漸進性。他們並不一概反對民主主義，但對作為民主主義載體的民眾及其政治代表革命派極不信任。他們死守理論上可能更具合理性的民主進程設計，卻完全不考慮這種設計已經脫離、背離了中國政治近代化進程的實際。因此，他們所鼓吹的由君主立憲走向民主共和的民主主義雖然總是振振有詞，卻越來越少地還能引起人們的共鳴和興趣。

與此相反，孫中山「建立民國」的主張甫一提出，其現實性就是非常強烈的。持此主張的人們無異於一開始就將自己置於叛逆者即革命者的位置，與現有政治統治者形成勢不兩立的敵對關係；當孫中山及革命派有意識地利用歷史上的仇滿情緒和傳統文化中的夷夏觀念，以全體「中國人」的名義來驅除「滿洲人」[22]，將民權主義與民族主義作為一個問題的兩個方面之時，情況更是如此。更重要的是，孫中山絲毫也不停留在「建立民國」的口頭宣傳上，而是一刻也不停息地開展「建立民國」的實際鬥爭，一刻也不停息地改變著中國的政治現狀，並在實際鬥爭中從各方面成熟起來。這種民主主義是充滿現實緊

---

22 孫中山對此曾解釋為「我們並不是恨滿洲人，是恨害漢人的滿洲人。假如我們實行革命的時候，那滿洲人不來阻害我們，決無尋仇之理」（《孫中山全集》第一卷，頁325）。民國成立之始，孫中山即在《臨時大總統宣言書》中表明：「國家之本，在於人民。合漢、滿、蒙、回、藏諸地為一國，即合漢、滿、蒙、回、藏諸族為一人。是曰民族之統一。」（《孫中山全集》第二卷，頁2）基本上糾正了一度存在的大漢族主義和民族復仇主義的偏頗。

迫感的虎虎有生氣的民主主義，也是中國政治近代化進程更為需要的民主主義。

正因為孫中山「建立民國」的思想和實踐具有政治近代化的徹底性、自主性和現實緊迫性，在更新更高的層次上代表了政治近代化的演變趨勢和發展水準，所以它誕生之後很快發生了巨大的影響力。「建立民國」使資產階級革命派有了一個共同奮鬥的最高政治目標，建立民國和民權主義成為十六字綱領和三民主義的核心。有了這一條，革命派的反清起義就與中國歷史上一直延續不絕的囿於改朝換代的農民起義完全區別開來。「建立民國」的共同信念使實際上很分散的革命派的活動有了一種無形的強大的精神凝聚力，鼓舞他們一直堅決鬥爭到清朝的覆滅和中華民國的成立。「建立民國」對已經失去了重建新朝的條件和能力的農民階級也發生了重大影響。他們雖然不能真正理解民國或民權主義的含義，但能夠憑直覺感受到民國與他們所仇視的舊王朝誓不兩立的對抗性質，因此他們也把民主共和寫入自己的鬥爭綱領，或者更多是以基本群眾的身份加入革命派發動的起義，自覺或不自覺地成為政治近代化的追隨者。最能反映「建立民國」影響力的是立憲派政治態度的轉變。立憲派曾經是民主共和的堅決反對者，長達數年的關於君國（君主立憲）還是民國的論戰，雙方唇槍舌劍，勢同水火。在立憲與共和的較量中，立憲派將自己的政治立場堅持到了不能繼續堅持的最後一刻（皇族內閣的成立和清朝對請願的壓制使立憲派陷於絕望，而武昌起義的爆發則預示了清朝的即將崩潰），終於也跟隨於革命派之後，紛紛宣告獨立，附和革命，轉向共和。「建立民國」的強勁勢頭甚至令當時最有勢力的地方實力派政治代表人物袁世凱也不得不對民主共和刮目相看。袁世凱一類人物雖然對民權主義並無多大的興趣，骨子裏崇尚的仍是君主的或軍閥的專制，但為了取代妨礙他們膨脹自身政治勢力的滿清貴族的權力，同時

也是迫於革命運動的壓力，便老謀深算地把「建立民國」當做達到自己政治目的的有利工具。

不論如何，「建立民國」所表現出的巨大影響力可以說為當時其它任何政治主張所不及。這既顯示了政治近代化潮流所具有的勢不可擋的威力，又顯示了「建立民國」的思想和實踐對政治近代化發展方向的積極引導作用。

三

然而，「建立民國」的思想和實踐儘管影響巨大，最後結果卻沒有如願以償地取得其始倡者所期待的成績。中華民國固然終於建立起來，卻並不是一個穩固的民主政權，當然更不表示已經完成了當初孫中山所設想的政治近代化的任務——建立一個美國式的符合民權主義原則的民主共和國。在中華民國宣告成立之前，代表革命派的孫中山就已經接受了盡快將政權移交給袁世凱的條件。南京臨時政府成立僅三個月，便遭到夭折的厄運。此後由袁氏所掌握的民國政權雖然還保持著某些民主政治的形式，但實質上已成為一個以民國為招牌的軍閥專制的政權。這個政權——不論是按照康有為還是孫中山的說法，甚至比清朝政府還要專制和黑暗。[23]「建立民國」事實上只完成了推翻清朝、結束帝制的任務，而沒有（也不可能）建立一個真正的資產階

---

23 康有為《請袁世凱退位電》：「自公為總統以來，政權專制，過於帝者……適當時艱，賦稅日重，聚斂搜括，刮盡民脂，有司不善，奉行苛暴，無所不-。……四年之間，外債多於前清，國民之負擔日重，然無一興利之事。」（《康有為政論集》下冊，頁933、935）孫中山《建國方略》：「夫去一滿洲之專制，轉生出無數強盜之專制，其為毒之烈，較前尤甚。」（《孫中山全集》第六卷，頁158）他們的說法雖有共同之處，但出發點顯然是很不一樣的。

級的民主共和國。不論孫中山及革命派實現民主共和的主觀願望多麼真誠和強烈，推翻清朝的確在客觀上為軍閥專制政權的興起鋪平了道路。

既然如此，「建立民國」是否還有重大意義？或者說，以革命推翻清朝是完全必要的嗎？如果以君主立憲的方式來改變君主專制，是否對實現中國近代化更為有利？諸如此類的問題在推翻清朝之前曾經爭論得很激烈，推翻清朝之後也一再有人重新提出。直到今天，史學界仍然有人認為，如果不革命，中國近代化的進程可能還會更快。由於這些問題直接與前面的論題有關，筆者願意進一步闡述幾點意見。

第一，要實現中國近代化，君主專制必須加以改變，這一點恐怕沒有什麼疑義。這不僅因為近代化本身就意味著政治上要實行民主制，君主專制已完全失去了存在的歷史合理性，而且因為在中國近代化的進程中，君主專制已充分表明它是一個極大的障礙。鴉片戰爭及其它反侵略戰爭的一再失敗，中國貧窮落後、受人欺侮的問題日益嚴重，國內各種矛盾不斷激化導致中國社會持續的動盪動亂，經濟和政治改革的機遇一失再失，儘管原因很多，但其中一個根本的原因就是在於君主專制的弊端已極為嚴重，對中國的圖存圖強和發展進步起著很大的危害作用。這一點，先進的中國人早就不同程度地看出來，並不斷發出改變君主專制的呼聲。

第二，當然，改變君主專制可以有兩種方式：一種是廢除專制而保留君主，另一種是連同君主一併廢除。前者是英國式，後者是法國式。只要事實上改變了專制制度，有君主和無君主的區別並不十分重要，英國政治制度和法國政治制度都是有代表性的資產階級民主政治制度就說明了這一點。但是，君主究竟是去還是留，這並不是一個抽象的理論問題，而是一個非常現實的由當時具體歷史條件所決定的問題。就中國而言，既要保留君主而又要改變專制，至少需要兩個互相

聯繫的必備的條件：一是君主願意放棄專制，接受由君主專制向民主政治的轉變；二是代表民主政治的勢力足夠強大，能夠迫使君主接受建立民主制度的要求。在這兩項條件下，革命不至於發展到必將君主制全部掃除的地步，是有可能性的。可是，這兩項條件當時都不具備。中國專制君權由於其頑固和腐敗，對政治革新一向抱著消極和抵拒的態度，戊戌變法和立憲運動中的表現都是如此。在立憲運動中，清朝表面上已宣佈預備立憲並有相應的措施，但實際上並未下決心實行民主政治，敷衍和拖延過多，而實質性的改變極少。從另一條件看，當時資產階級的兩個派別革命派和立憲派都還不夠強大，並且兩派嚴重對立，當然更無法對朝廷施加足夠的壓力，使之早早就只有考慮君主個人去留的餘地。因此，以保留君主的方式完成改變君主專制的任務，這在中國是不現實的，也就是說，中國不可能實現君主立憲。

第三，當年主張君主立憲和後來仍然為這一主張辯解的人們往往將中國與英國、日本等國相類比，以證明在戊戌變法或立憲運動中同樣存在著君主立憲的可能性。這種類比實際上是頗為牽強的。首先，英、日在君主立憲制建立之前所進行的反對封建專制的鬥爭都具有資產階級革命的性質，資產階級一方都曾以武裝對抗的形式與封建王朝作過殊死的鬥爭（日本鬥爭的對象是掌握實際統治權的江戶幕府），並推翻了舊的封建政權，資產階級取得了或逐漸取得了統治權。這與戊戌變法以上書請求君主自上而下變法和立憲運動以請願呼籲朝廷立憲是有很大差別的。前者不能理解為中國式的「改良」。英、日君主立憲是通過資產階級革命而不是通過改良來實現的。其次，君主立憲制的形成，是英、日等國資產階級反專制鬥爭的自然結局，而不是預先選定的政治模式。保留君主帶有鬥爭的特殊性，並非對一切君主制國傢具有普遍意義。君主的最後去留取決於多種具體的歷史因素，不

是隨意就可以仿傚的。例如，中國的君主制就與英、日的君主制有很大的差別，如果具體分析清朝的君主制，這種差別就更大。把君主立憲作為一種帶有普遍性的政治模式來仿傚，甚至將其看成是民主共和制之前必經的一個歷史階段，顯然是個很大的誤解。最後，君主立憲也好，民主共和也好，其差異主要是政體的差異。國體決定政體。要選擇一定的政體，關鍵是要確定國體。對君主立憲而言，就是首先要解決資產階級能否在力量的對比上壓倒封建勢力、能否掌握政權的問題。決定國家政治命運的是資產階級能否在鬥爭中獲勝，而不是君主個人的作為或去留。可惜當年的維新派和立憲派都未能清楚地認識到這一點。當然，主張君主立憲的人們也不是完全沒有道理，他們一方面是感覺到了資產階級力量的不足（反映在他們對革命成功屢屢發出悲觀性的預言，對民智未開、國民素質低的不斷批評等），講不起徹底掃除君主制的大話；另一方面是看出了已經全面膨脹的封建地方勢力有可能在專制君權崩潰之後成為危害中國政治的大患，而對這股勢力，資產階級更加無力加以對抗。因此，他們企圖用說服、督責朝廷立憲的方式，來完成本應由資產階級完成的建立民主政治的任務，並以此來防範和遏制軍閥割據勢力。這種主張的出發點，當然不是維護君主專制，其實踐的結果，也不是為君主專制增添了活力。然而如前文分析的那樣，這種主張終究是很不現實的。

第四，誠然，「建立民國」也沒有取得完全的成功，甚至出現了連孫中山本人也不願意見到的軍閥掌權、割據的現實。但這不能歸咎於「建立民國」主張本身。這一主張引導各派政治勢力共同推翻了清朝，宣告了民國的成立，卻並不能保證一定能夠建成名副其實的資產階級民主共和國；因為後者不僅需要各派政治勢力對民國名義上的認同，而且更需要資產階級民主派佔據階級實力和政治實力的優勢，而在這點上，恰恰不如人願。但與君主立憲相比，「建立民國」終究引

導和鼓舞人們完成了推翻清朝、結束帝制的艱巨任務，相當深刻地改變了中國社會的政治現實。此外，歷史地看，在中國資本主義很不發達、資產階級很不強大的情況下，中國封建專制主義政治變為民主政治要想一蹴而就，也是辦不到的事。綜觀整個中國近代史，封建專制主義統治的改變就經歷了推翻君主專制統治、推翻北洋軍閥專制統治、推翻新軍閥專制統治等幾個大的階段，而在每一次改變的過程之中和改變之後，中國政治近代化的程度都或多或少地有了明顯的進步；即以民國而論，就出現了許多為清朝統治之下所沒有的帶有濃厚民主政治氣息的新事物、新氣象、新觀念。在這些改變中，從君主專制二千年延綿不絕到從此結束帝制，無疑是一個極為重要的改變。沒有這一改變，其它改變也就無從說起。不論推翻清朝、結束帝制的後果如何，這一步都應當而且必須邁出去。至於推翻清朝、結束帝制之後，中國人還要繼續反對這樣或那樣的專制主義，其任務也許更為艱巨，那是屬於新的歷史使命了。

總之，在中國政治近代化的艱難歷程中，孫中山「建立民國」的思想和實踐有著不可忽視的重要意義。它自覺順應了政治民主化的時代潮流，及時抓住了推動中國社會前進的政治關鍵，充分顯示了為達到消除專制主義、實行民權主義的目的而不屈不撓進行奮鬥的革命精神，從而不僅對當時中國社會的政治進步起了有力的推動作用，而且給孫中山事業的後繼者們許多有益的啟示。

民國建立前後孫中山民權主義的起落及其原因

　　孫中山從興中會成立起開始鼓吹民權，至民國建立前達到了一個高峰。但民國誕生不久，他對民權主義卻採取了滿足現狀的消極態度，不僅言之較少，甚至有意迴避或在某種程度上予以抑制；直到1914年7月發佈反袁的《中華革命黨總章》，才重新高舉民權主義這面旗幟，形成了一個極為明顯的馬鞍形。

　　關於此次起落，在有關著述中雖有提及，但多為寥寥數語，未加深究。在筆者看來，作為孫中山一生追求民權主義歷程中惟一的一次起落，很有詳加探討的必要，這對於深刻認識孫中山民權主義的特質及其與中國近代政治變革的互動，是有裨益的。

一

　　民權主義一詞，孫中山遲至同盟會成立後才明確提出，但其民權思想應該說在檀香山組建興中會時就已基本確立。在民國成立前的十多年時間裏，從「創立合眾政府」的最初口號，到民權思想的多方闡釋，孫中山的民權主義伴隨著中國近代資產階級民主革命運動由弱到強的發展而逐漸成熟，成為資產階級革命派的政治指導思想和辛亥革命在政治層面上追求的主要價值目標。

　　最簡略地說，這一時期孫中山的民權主義有兩大方面的內容，即

號召推翻清朝的君主專制,主張建立民國。這兩者都不是簡單的口
號,而是有著相當豐富的民權主義內涵。

為了使人們充分認識清朝君主專制與民權主義形同水火、勢不兩
立的關係,孫中山對清朝的專制弊政及其危害進行了徹底的消算。

早在興中會成立之初,孫中山對清朝的專制狀況就作了初步的揭
露,指出其「內外隔絕,上下之情罔通,國體抑損而不知,子民受制
而無告。苦厄日深,為害何極」[1],「……政治不修,綱維敗壞,朝廷
則鬻爵賣官,公行賄賂;官府則剝民刮地,暴過虎狼。……有心人不
禁大聲疾呼,亟拯斯民於水火,切扶大廈之將傾」[2]。

經歷倫敦被難的嚴重刺激之後,孫中山對清朝的「無道殘暴」[3]
更增切膚之痛,試圖對清朝的專制罪惡進行進一步的剖析。在《倫敦
被難記》中,他用數語總括「中國現行之政治」為:「無論為朝廷之
事,為國民之事,甚至為地方之事,百姓均無發言或與聞之權;其身
為民牧者,操有審判之全權,人民身受冤抑,無所籲訴。且官場一語
等於法律,上下相蒙相結,有利則各飽其私囊,有害則各委其責
任。……至其塗飾人民之耳目,錮蔽人民之聰明,尤有可駭者。凡政
治之書,多不得流覽;報紙之行,尤懸為厲禁。……國家之法律,非
平民所能與聞。……是故中國之人民,無一非被困於黑暗之中。」[4]
這裏,已涉及人民的參政權、司法的獨立權、公民基本的自由權等重
要的民權問題。在《中國的現在和未來》一文中,孫中山把中國人民
遭受的饑荒、水患、疫病、生命財產的毫無保障等四種巨大而長久的
苦難,歸因於清朝「普遍的又是系統的貪污」。貪污並不是君主專制

1　《檀香山興中會章程》,《孫中山全集》第一卷,頁19。

2　《香港興中會章程》,《孫中山全集》第一卷,頁21。

3　《致區鳳墀函》,《孫中山全集》第一卷,頁46。

4　《倫敦被難記》,《孫中山全集》第一卷,頁50、51。

的根本特徵，孫中山從這種徹底腐敗的事實中是要得出必須革除專制的結論，即「除非在行政的體系中造成一個根本的改變，局部的和逐步的改革都是無望的」，「不完全打倒目前極其腐敗的統治而建立一個賢良政府，……建立起純潔的政治，那麼，實現任何改進就完全不可能的」。[5]

對清朝專制罪行真正稱得上進行系統全面的清算，是在同盟會成立前後撰寫的《中國問題的真解決》和《中國同盟會革命方略》二文中完成的。前文將滿清王朝在二百六十年統治中對中國人施加的「無數的虐待」歸納為十一項專制主義的罪狀，即：一切行政措施都是為了滿洲人的私利；阻礙中國人智力和物質方面的發展；不給中國人平等權利；侵犯中國人不可讓與的生存權、自由權和財產權；官場中的貪污與行賄；壓制言論自由；禁止結社自由；不經同意而徵收沉重的苛捐雜稅；在審訊中使用最野蠻的酷刑；不依照適當的法律程序而剝奪中國人的各種權利；不能依責保護其管轄範圍內所有居民的生命與財產。[6]後文著重揭露清朝在經濟、財政方面的剝奪和壓迫（所謂「絕漢人生計者」），列為十項，即：名為永不加賦，實則賦外加賦；強佔漢人土地圈給滿人；旗人不勞而獲，衣食皆取之漢人輸納；搜括金銀；自朝廷、督撫以至胥吏皆貪贓害民；釐金久存不撤；對外賠款不斷，並藉此科徵重稅；廣借外債而管理紊亂，弊多利少；造昭信股票，詐欺取財；宮廷窮奢極欲，耗費巨大。[7]這些指斥儘管帶有濃厚的「滿漢之別」的色彩，究其實質，它們並不是針對作為少數民族

5　《中國的現在和未來》，《孫中山全集》第一卷，頁89、95、88。

6　《孫中山全集》第一卷，頁252頁。這些「虐政」，孫中山在武昌起義爆發後與外國記者的一次談話中再次列舉出來（見《我的回憶》，《孫中山全集》第一卷，頁555-556頁）。

7　《孫中山全集》第一卷，頁315-317。

群體的滿洲人,而是針對清朝統治者及其所代表的封建專制制度而發的。

正因如此,孫中山對清朝專制的批判往往是與對中國歷代專制的批判聯繫在一起的。他曾這樣總結中國的專制歷史:「支那國制,自秦政滅六國,廢封建而為郡縣,焚書坑儒,務愚黔首,以行專制。歷代因之,視國家為一人之產業,制度立法,多在防範人民,以保全此私產;而民生庶務,與一姓之存亡無關者,政府置而不問,人民亦從無監督政府之措施者。故國自為國,民自為民,國政庶事,儼分兩途,大有風馬牛不相及之別。政府與人民之交涉,只有收納賦稅之一事,如地主之於佃人,惟其租稅無欠則兩不過問矣。」又說:「至滿胡以異種入主中原,則政府與人民之隔膜尤甚。當入寇之初,屠戮動以全城,搜殺常稱旬日,漢族蒙禍之大,自古未有若斯之酷也。……虜朝常圖自保以安反側,防民之法加密,漢滿之界尤嚴。」[8]可見,清朝的專制是歷代專制的繼承和加劇,就其圖君主一人之私、與人民根本對立的本質特徵來說,兩者是完全一致的。對清朝君主專制的清算,同時也就意味著對中國二千年君主專制主義的清算,意味著對長期遭受專制主義壓抑、摧殘的種種人民政治權利的急切召喚。

孫中山所作的這些政治批判,體現了民權主義所具有的強烈的戰鬥精神,它不僅是鼓動民眾推翻清朝君主專制統治的有力的思想武器,而且對後來各種形式的專制統治也都具有鮮明的警示作用。

推翻清朝君主專制的目的,是要建立新型的民權主義國家即中華民國。關於將要建立的民國,孫中山此一時期談論得最多的是所謂「政體」問題。在此問題上,他使用過各式各樣的提法[9],角度不

8　《支那保全分割論》,《孫中山全集》第一卷,頁220。

9　如說「立憲政體」、「代議政體」、「一個負責任的、有代表性的政體」、「一個新的、開明而進步的政府」、「善良之中央政府」等。

一，其實都是想用來表明民國的民權主義根本性質。按照孫中山的設計，民國所採用的「政體」具有以下兩大基本特徵。

第一，仿照美國的民主共和制。孫中山最初提出的建國口號就是創立美國式的「合眾政府」。在提出「建立民國」的綱領後，又具體解釋說是要在革命成功之日，「效法美國選舉總統，廢除專制，實行共和」[10]，仿照美國的政府而締造中國的新政府[11]。他對歐美共和政治中國此時尚不能合用的說法進行了駁斥，認為美國為「世界共和的祖國」，有「地球上最文明的政治法律」，中國要改革政治就應該「取法乎上」，像美國一樣建立一個「頭等民主大共和國」。[12]這種政治信念，孫中山在民國成立前夕還一再加以強調，指出中國由於地理、氣候及人民之習慣性質的差異等原因，「於政治上萬不宜於中央集權，倘用北美聯邦制度實最相宜，……惟有共和聯邦政體為最美備，捨此別無他法」[13]，「中國革命之目的，係欲建立共和政府，效法美國，除此之外，無論何項政體皆不宜於中國。……美國共和政體甚合中國之用」[14]。對美國民主共和制的崇尚，一方面反映出孫中山早年在檀香山學習和生活所受到的重大影響；另一方面也說明他對民權主義的追求懷抱著政治制度要最先進、最民主這一理想化的標準。

第二，根本的政治制度是民主立憲。對民主立憲的論述，孫中山先後簡略地提到過「共和憲法」[15]、憲法的許可權及議會制[16]等內容。在《中國同盟會革命方略》中，對民主立憲作了比較完整的規

---

10 《在檀香山正埠荷梯釐街戲院的演說》，《孫中山全集》第一卷，頁226。
11 《中國問題的真解決》，《孫中山全集》第一卷，頁255。
12 《在東京中國留學生歡迎大會的演說》，《孫中山全集》第一卷，頁281、279。
13 《與巴黎〈巴黎日報〉記者的談話》，《孫中山全集》第一卷，頁562。
14 《在巴黎的談話》，《孫中山全集》第一卷，頁563。
15 《與宮崎寅藏平山周的談話》，《孫中山全集》第一卷，頁172。
16 《致港督卜力書》，《孫中山全集》第一卷，頁193。

定:「今者由平民革命以建國民政府,凡為國民皆平等以有參政權。大總統由國民公舉。議會以國民公舉之議員構成之。制定中華民國憲法,人人共守。敢有帝制自為者,天下共擊之!」[17]並突出強調了憲政之下人民所應具有的平等權和參政權。孫中山將前者稱為「國民平等之制」,即民國「以四萬萬人一切平等,國民之權利義務無有貴賤之差、貧富之別,輕重厚薄,無稍不均」;後者稱為「國民參政之制」,即民國「以國家為人民之公產,凡人民之事,人民公理之。由人民選舉議員,以開國會,代表人民議定租稅,編為法律。政府每年預算國用,須得國會許可,依之而行;復以決算布告國會,待其監查,以昭信實。如是則國家之財政實為國民所自理,國會代表人民之公意,而政府執行之」,其結果是「民國既立,則四萬萬人無一不得其所」。[18]結合中國的歷史文化傳統,孫中山還提出了帶有獨創性的「五權分立」說。五權分立以三權分立為基礎,是西方分權制與中國固有的考選制和糾察制「兩大優良制度」[19]相結合的產物。孫中山認為,三權分立制在一百年前的歐美算是最完善的,但隨著歷史的發展已經不適用,必須加上考選和糾察兩權,才能使民國憲政克服流弊,完善無缺。[20]孫中山對五權分立的憲法頗為自負,預言在中國實行之後,還會像孟德斯鳩的三權憲法說一樣「風靡世界」。[21]

　　從上述兩大基本特徵看,孫中山所說的「政體」實際上並不是純粹的政體,而是「國體」與政體的交織。雖然他沒有後人關於國體是指不同階級在國家中所處的地位,政體只是國家政權的組織形式這種

17 《中國同盟會革命方略》,《孫中山全集》第一卷,頁297。
18 《中國同盟會革命方略》,《孫中山全集》第一卷,頁318。
19 《與該魯學尼等的談話》,《孫中山全集》第一卷,頁320。
20 《在東京〈民報〉創刊週年慶祝大會的演說》,《孫中山全集》第一卷,頁329-331。
21 《與劉成禺的談話》,《孫中山全集》第一卷,頁445。

明確的理解，但在他眼中，民主共和制與君主專制的區別，是國民為政還是一人為政的根本區別，兩者是勢不兩立、絕不相容的；而同樣為憲政制度，可以有英國式君主立憲與美國式民主立憲的不同，還可以有三權分立與五權分立的不同，其中就包含了對國體和政體之差別的一定程度的瞭解。孫中山所存在的不足，是他對「國民」的認識還極為籠統和抽象。

除了這些基本特徵外，民國的民權主義性質還體現在其它諸多方面。如孫中山初步論述了地方自治問題[22]，作為資產階級革命流行口號的「自由、平等、博愛」和「天賦人權」等，也被作為國民及國民革命所應具有的「一貫之精神」而屢被提及[23]。可以說，要真正實現孫中山對民權主義的多層面的設想，使滿清統治之下腐敗黑暗的君主專制之國真正變為與世界上最先進的美國並駕齊驅的民主共和國（即使只在政治制度形式的建設上），顯然都不是在短期內能夠成功的。

也許正是出於這種長期努力、循序漸進的考慮，孫中山早在1906年就初次明確提出了實施革命綱領的三期次序（即通常所說的「革命程序論」）。這一次序雖與民族主義及民生主義有關，但就其主體來看，實際上是實施民權主義的次序。第一期軍法之治，是在「天下平定」之前，以三年的時間，由軍政府督率國民掃除專制主義的種種舊污；第二期約法之治，是在天下平定之後，以六年為期，由軍政府授地方自治權於人民，但本身仍總攬國事；第三期憲法之治，是全國行約法六年後，制定憲法，軍政府解除權柄，國民公舉大總統及公舉議員以組織國會，一切政事依憲法而行。[24]由革命漸次發動成功到民權

---

22 《致港督卜力書》，《孫中山全集》第一卷，頁193；《中國同盟會革命方略》，《孫中山全集》第一卷，頁297-298。

23 《孫中山全集》第一卷，頁296；《孫中山全集》第二卷，頁8、48。

24 《中國同盟會革命方略》，《孫中山全集》第一卷，頁297-298。

主義最後實現，至少需要十五年的時間。由此可見，孫中山在民國建立前大力宣傳的民權主義，是一項頗為艱巨、需要長期奮鬥才能完成的政治任務。

二

　　孫中山在民國建立之前為宣揚民權主義而傾注了滿腔熱情，始終執著不捨，然而當民國建立不久，他的這種態度卻發生了相當大的變化，原來的熱情和執著逐漸轉向乃至消退。

　　這一變化最明顯的表現就是孫中山屢屢宣稱民權主義的目的已經達到。民國成立前夕，孫中山就做出了民權主義「將達」的預言，同時也指出「欲告大成，尚須多人之努力」[25]。民國元年2月12日清帝宣佈退位、承認共和後，孫中山即表示「民國目的亦已達到」[26]，「革命之目的已達」[27]。在宣佈正式解除臨時大總統職務當日所發表的演說中，孫中山更明確地肯定「今日滿清退位、中華民國成立，民族、民權兩主義俱達到」[28]。此後，「民權主義已達」說相當頻繁地出現在孫中山的各類演講和文字之中。[29]

　　既然民權主義目的已達，孫中山便將主要的注意力轉向於民生主義。他多次表示中國「惟有民生主義尚未著手，今後吾人所當致力的即在此事」[30]，「政治上革命今已願而償矣，後當竭力從事於社會上革

---

25 《在上海中國同盟會本部歡迎大會的演說》，《孫中山全集》第一卷，頁574。

26 《諮參議院辭臨時大總統職文》，《孫中山全集》第二卷，頁84。

27 《致黎元洪及各省都督電》，《孫中山全集》第二卷，頁99。

28 《在南京同盟會會員餞別會的演說》，《孫中山全集》第二卷，頁319。

29 《孫中山全集》第二卷，頁332、335、337、338、340、354、408、472、476。

30 《在南京同盟會會員餞別會的演說》，《孫中山全集》第二卷，頁319。

命」[31]，「社會事業，在今日非常緊要。……社會事業萬萬不能緩辦。未統一以前，政事、軍事皆極重要，而統一以後，則重心又移在社會問題」[32]。這一轉嚮導致孫中山在政治與經濟關係問題上發生了很大的偏頗，即重經濟而輕政治，把政治困擾歸因於經濟不振，試圖用發展經濟來解決政治難題。曾有記者問孫中山為何對「近日北京之政爭」不甚注意，孫中山的回答是「所以意見紛歧，有才莫展者，皆為經濟問題所窘，間接直接，遂生困難」，因此他贊成「振興中國惟一之方法，止賴實業」這一觀點。[33]比起政治來，孫中山認為「民生」更為根本，「必先從根本下手，發展物力，使民生充裕，國勢不搖，而政治乃能活動」[34]。他明確表示，目前對中國的社會革新「比黨務與政治問題更有興趣」，由於政治革命的任務已經完成，因此正集中思想與精力「從社會、實業與商務幾個方面」重建國家。[35]而見之於孫中山的個人實踐，就是「舍政事」而修鐵路，計劃「專心致志於鐵路之建築，於十年之中，築二十萬里之線，縱橫於五大部之間」。[36]孫中山的計劃當然未能實現，但他為此的確花費了大量的時間和精力。

以民生問題為重、政治問題為輕的取向反映到對民眾宣傳的層面上，就使民權不再常常是孫中山談論的主題。在此期間，孫中山在演講中向民眾談人格問題、教育問題、政治能力與公共道德問題、人心的團結統一問題，但很少專門談民權問題。在有時談及民權問題時，他一方面持「共和國以人民為主體，政府為之公僕」的民權主義立

31　《在上海答〈文匯報〉記者問》，《孫中山全集》第二卷，頁332。

32　《在湖北軍政界代表歡迎會的演說》，《孫中山全集》第二卷，頁335。

33　《在上海與〈民立報〉記者的談話》，《孫中山全集》第二卷，頁282-283。

34　《致宋教仁函》，《孫中山全集》第二卷，頁404。

35　《中華民國》，《孫中山全集》第二卷，頁392。

36　《致宋教仁函》，《孫中山全集》第二卷，頁404。

場，主張人人共用國家之權利而共擔國家之義務[37]，另一方面在權利與義務之間，強調得更多的又是國民的義務。他在石家莊、江陰、杭州等地對民眾發表演說時，都是談權利少而談義務多（如「出資之義務」、「納稅之義務」、「充兵之義務」等），認為「欲享權利必先盡義務」，「如大家均不盡其義務，恐國家陷於危險之地位」，告誡全國父老兄弟都要「甚勿放棄個人義務，陷國家於危亡」[38]，義務觀遠遠高置於民權觀之上。

　　孫中山未加看重的民權問題在當時政治現實中不僅客觀存在，而且紛至沓來，有些還十分尖銳。當密切關注這些問題的人們（特別是議員、記者等人）將自己的疑問、看法尤其是力爭民權的要求直接向孫中山提出之時，孫中山卻不僅未能給予有力的幫助，反而有意無意地加以淡化或迴避，對有些民權要求甚至進行抑制。這種態度比較突出地表現在立法權、男女平權和政治現狀評價等幾個問題上。

　　第一，立法權問題。1912年6月，孫中山為施行民生主義，採取政府交議的方式，請廣東省臨時議會議員研究「地價抽稅」問題，希望議案獲得通過，加以實行。議員們在對此議案進行討論的同時，由於對臨時議會名為立法機構、實無權力保障的現實頗有「不平之氣」，紛紛提出了如何落實「三權」的問題及議會的信用問題，甚至認為「政府欲辦之事件，則利用省會，省會決議事項，均置之腦後，豈省議會代議士盡為政府傀儡乎」，表示要「爭立法之權」。按照民權主義觀念，這實在應大力予以鼓勵。而孫中山一心只想地價抽稅議案能夠通過，對議員們的權力要求並不重視，把關乎立法權的大事說

---

37 《在張家口各界歡迎會的演說》，《孫中山全集》第二卷，頁451。

38 《在石家莊國民黨交通部歡迎會的演說》，《孫中山全集》第二卷，頁479；另參見《孫中山全集》第二卷，頁525、552。

成僅是議員與政府之間「有些小意見，又何足介意」，爭權實可不必，許可權只須「從公理求之」便可，而眾代議士如果能夠不計輿論攻擊，不管信用足不足，毅然通過地稅議案，就是求公理的最佳表現。[39]這顯然是忽略了議會及議員應有的政治權力，而將其視之為某種政治工具。

　　第二，男女平權問題。在此問題上，孫中山雖對女界興辦教育事業等能予以提倡鼓勵，但對其提出的爭取自身平等權力的要求卻未能正面進行回應，而且立場還逐漸向暫時擱置男女平權問題的方向退卻。民國成立之初，有女界共和協濟會致函請款開辦女子政法學校，孫中山立即撥五千元予以支持，而對於該會所提出的「女子應否有參政權，定於何年實行，國會能否準女界設旁聽席」這些敏感問題，孫中山雖在理論上認同「天賦人權，男女本非懸殊，平等大公，心同此理。……女子將來之有參政權，蓋事所必至」，但具體回應時又不置可否，只表示「皆當決諸公論，應諮送參議院議決可也」。[40]事實上，「主張男女平權」雖然作為政綱被列入了重新訂立的《中國同盟會總章》，在孫中山看來，男女平權對於婦女來說卻並非當務之急，最要緊的事是應辦好女子教育，「中國女子雖有二萬萬，惟於教育一道，向來多不注意，故有學問者甚少。處於今日，自應以提倡女子教育為最要之事」，而「教育既興，然後男女可望平權」[41]，將男女平權的期望寄託於教育振興之後。當同盟會與其它幾個政黨組成國民黨，決定在政綱中去掉「男女平權」的口號，「以此條可置為緩圖」時，孫中山不表異議，並解釋說：「吾人以國家為前提，自不得不暫從多數取決。然苟能將共和鞏固完全，男女自有平權之一日。否則，國基不

39　《在廣州行轅與各界的談話》，《孫中山全集》第二卷，頁373-374。
40　《復女界共和協濟會函》，《孫中山全集》第二卷，頁52-53。
41　《在廣東女子師範第二校的演說》，《孫中山全集》第二卷，頁358。

固，男子且將為人奴隸，況女子乎。」[42]這不僅放棄了「男女平權」口號，而且把男女平權的實行排除到了「共和鞏固完全」的必要條件之外。同盟會中部分女先生致函孫中山，對黨綱的這一刪改甚感不滿，孫中山僅答以「黨綱刪去男女平權之條，乃多數男人之公意，非少數人可能挽回，君等專以一二理事人為難無益也」，他的建議仍然是女子先提倡教育、普及知識，「然後始可與男子爭權」[43]，女子應有和應爭的政治權利沒有得到足夠的尊重和鼓勵。

第三，政治現狀評價問題。民國成立後，民主共和制的建設並未順利起步。特別是袁世凱掌握中央政權後，壓制民主、重行專制的意圖日漸昭顯，國內政治處於嚴重的混亂之中。不少有識之士就此提出了尖銳的質疑，對此孫中山的回應可以說顯得相當蒼白無力。曾有北京《亞西亞日報》記者根據一部分議論者所持的懷疑態度，問及民國國體、政體現在是否已確定穩固，民國招牌與事實之間是否相符的問題，並認為「此問題甚大」，孫中山的回答是「何待多疑，民國招牌已經掛起，此後無足慮者」，「我國民心理既造成共和，即將來絕無足慮，彼外間一部分輿論特虛報恐怖耳」。[44]實際上，當時民主共和制存在的問題的確甚大且甚多，並非「絕無足慮」，更不是「虛報恐怖」。孫中山還將一部分說「中國空有共和之名，而無共和之實」、大不滿意於政府的人稱之為「少數無意識者」，認為這些人之所以不滿，是因為不知道「民國肇建，百廢待舉，況以數千年專制一變而為共和，誠非旦夕所能為力」。只要花十年時間進行建設，就能收「真正共和效果」。[45]而實際情況是，當孫中山後來重倡民權主義後，他對民國政

42　《在國民黨成立大會上的演說》，《孫中山全集》第二卷，頁409。

43　《復南京參政同盟會女先生函》，《孫中山全集》第二卷，頁438。

44　《與〈亞西亞日報〉記者的談話》，《孫中山全集》第二卷，頁416-417。

45　《在北京袁世凱歡宴席上的答詞》，《孫中山全集》第二卷，頁419。

治所作的抨擊比說「有共和之名，無共和之實」更加嚴厲。由於對民國的政治現狀沒有強烈的憂患意識，孫中山甚至認為政治革命已是一種應該放棄的舊名詞、舊思想，「即如政治革命、種族革命，皆係共和未成以前之名詞。今民國成立，目的已達，須將此種舊思想掃除淨盡，才可以建設」[46]。

當然，以上種種變化並不等於說孫中山在民國建立後對民權主義就完全閉口不談和毫無建樹。事實上，他對民權在言論和行動上都仍有不少關注，尤其在主持南京臨時政府時期，對保障和實施民權從法令上做了許多重要工作（最突出的事例如發佈《令內務部通令亘戶惰民等一律享有公權私權文》和《中華民國臨時約法》等）。不過，與民國建立前對民權主義的熱情執著相比，民國建立後孫中山在追求和鼓勵民權主義方面確實出現了顯著的滑坡。直到「宋案」發生，真相大白，孫中山才從民權主義已達、政治革命已經成功之類的觀念中猛醒過來，毅然投身於重振民權主義、重建真正民國的鬥爭。

三

孫中山在對待民權主義的態度上為什麼會出現上述起落現象？其原因顯然是複雜的，這裏試作簡略分析。

第一，是由於孫中山對民國建立前後政治發展的大勢缺乏清醒的認識。從中國近代政治變革的歷程來看，滿清王朝的推翻、中華民國的建立，固然表現了歷史發展不可抗拒的進步潮流，是革命派長期堅持進行政治、思想尤其是軍事鬥爭，發揮先鋒和主導作用，並得到各派政治力量的配合所取得的重大成果。但全面考察、深入分析，還不

46　《在太原商學界宴會上的演說》，《孫中山全集》第二卷，頁471。

難發現，它同時又是以孫中山為代表的資產階級革命派與以袁世凱為代表的封建軍閥勢力相互妥協、相互利用的結果。建立民國表面上是革命派的勝利（就實現打倒帝制和宣佈共和兩大直接目標而言，革命派確有歷史性的成功之處），實際上在勝利之時就已預示了革命派的失敗（象徵中央政治大權的臨時大總統一職先是虛位以待，隨後正式移交到了袁世凱手中）。因此，民國的建立對中國近代民主進程有重要的推動，但這種推動作用又是受到嚴重制約的。問題的關鍵是袁世凱所代表的封建軍閥勢力無論從哪個方面來說，都大大超過了革命派的勢力，要實現真正的民主共和制，還必須經過嚴酷的鬥爭。對這種政治局勢，孫中山當時是看得不夠清楚的。一方面，他對革命勝利帶來的成果和造成的變化作了過於樂觀的估計，認為依靠全國人民的「共和心理」、革命派的一致努力及某些制度上的約束，就已經奠定了民主共和的基礎。另一方面，他對袁世凱所代表的封建軍閥勢力（特別是袁世凱本人）的真實面目即專制主義的取向估計不足，對其寄予了若干不切實際的希望。綜而言之，就是未能認清民國的建立並不等於實現了真正的共和，不等於完成了政治革命的任務，結果輕易地卷起了民權主義這面旗幟，而代之以民生主義。

第二，是孫中山的民權主義本身存在缺陷。最明顯的缺陷是民權主義與現實革命任務聯繫得過於緊密。孫中山是在提出「建立民國」的綱領之後，將此進一步解釋為政治革命和民權主義。本來，如前文所言，民權主義就其整體來說是一種理論體系，包含著豐富的內容。建立民國固然是民權主義的核心內容之一，政治革命固然是實現民權主義的重要手段之一，但不能說民權主義就等於建立民國和完成政治革命。民權主義與現實革命任務聯繫過緊，就容易導致兩者的混同，以致用直接的革命任務來代替豐富的理論內涵，造成政治思想的簡單化。還有一個明顯的缺陷是孫中山的民權主義比較偏重於政權制度建

設方面的內容，而其中應當具有的啟蒙精神、民主理論等方面，還顯得很不足。加上孫中山政治思想上存在的「先知覺後知」以及哲學思想上所持的「知難行易」等觀念，就使得其民權主義在徹底性和深刻性上打了更大的折扣。

孫中山「革命程序論」的前後差異

　　孫中山關於民主革命從成立軍政府開始，到最後建成完全的民國，必須依次經過軍政、訓政和憲政三個時期的主張，通常被稱為「革命程序論」。此項主張史學界作過一些研究，下面擬就「革命程序論」在其屢加闡釋的二十餘年間，前後有哪些差異，及孫中山晚年是否放棄了革命程序主張等幾個問題，試作進一步的探討。

一

　　早在1902年，孫中山就提出了有關「革命程序」的初步構想。此後，「革命程序論」一直是孫中山的重要政見。到1924年，此論被作為主要內容列入了孫中山親手制定、擬作為國民政府施政綱領的《政府建國大綱》。在長達二十多年的時間裏，「革命程序論」有其一以貫之的根本精神和前後相承的表達方式，但由於時勢背景、實踐經歷等的不斷變化，此項政見也不能不受到相當程度的影響，從而表現出明顯的階段性及前後差異性。這些差異不僅有形式上的不同，而且更多思想內涵上的變易，有的差別甚至還相當深刻。以往研究一般較為重視「革命程序論」的前後一致性，而對其前後差異性有所忽略，論析不夠。在筆者看來，若以孫中山論述或規定「革命程序」的有關文獻作依據，其「革命程序論」大致可以說經過了同盟會成立前後時期、中華革命黨和國民黨時期、國民黨改組時期等三個階段的演變。各階

段既有前後繼承性，又在思想出發點、核心內容及具體設計上，有各自鮮明的特徵，似不可一概而論。

同盟會成立前後是孫中山「革命程序論」初步形成的時期。此時正值資產階級民主革命思想廣泛傳播，革命小團體走向大聯合，全國性的民主革命運動蓬勃發展、方興未艾之際，孫中山提出「革命程序」的初步設想所著重考慮的是，假如革命一旦成功，握有兵權的軍政府如何才能順利地交權給人民，而不致重蹈以往君主專制的覆轍。要做到這一點，他主張從革命之始，就要對兵權逐漸加以限制，對民權逐漸加強培植，最後達到建成穩固的民權政體的目的。

在1902年首次表述「革命程序」思想時，孫中山就明確指出，革命所值得憂慮的一事即為「帝王之思想」的影響，革命軍一起，諸統帥各掌兵權，即使他們仰慕共和，願意讓權於民，而其部下亦會「人人推戴新皇，各建偉業，咸有大者王小者侯之思」，難免出現「陳橋之變」的結局。要防此弊端，最好的辦法就是在「軍法」與「地方自治法」之間，加入「約法」以相聯結。軍法即「軍政府之法」：「軍事初起，所過境界人民，必以軍法部署，積弱易振也。」當佔領一地後，則由軍政府與地方互約，進行地方自治的建設。一方面，地方受軍政府「節制」，應建設學校、員警、道路諸政，由每縣各出兵餉支持前線，有不出者予以懲罰；另一方面，軍帥如有「異志」，則撤其兵餉。約法時間為五年，五年後「還地方完全自治，廢軍政府干涉」；若五年達不到應有程度，「軍政府再干涉之，如約則解」。由於軍政府通過約法建成了地方自治，則「雖有抱帝王政策者，諒亦無所施其計矣」[1]。

1　《孫文之言》，《大陸報》第二年第九號，轉引自陳錫祺主編：《孫中山年譜長編》
　　上冊（北京市：中華書局，1991年），頁278。下引該書同此版本，不再另注。

　　1905年，孫中山在與汪精衛的一次談話中，對革命時兵權與民權之間存在的矛盾，以及如何以「約法」的方式解決這一矛盾等問題，作了更為透徹的闡述。他認為，革命的目的是為了獲得民權，而進行革命時又必須重兵權，這兩者是常相矛盾的。矛盾之處就在於：「使其抑兵權歟，則脆弱而不足以集事；使其抑民權歟，則正軍政府所憂為者，宰制一切，無所掣肘，於軍事甚便，而民權為所掩抑，不可復伸，天下大定，欲軍政府解兵權以讓民權，不可能之事也。」[2]也就是說，發動和領導革命的軍政府並不必然就代表和尊奉民權，相反，如果不能恰當處理好兵權與民權的關係，兵權一旦坐大無度，民權將無立足之地。這意味著革命走到了自身本來目的的反面，即革命導致專制。他進一步分析道，可能出現這種結果並不是由某些個人的帝制野心造成的，而是時勢使然。因此，為了使中國革命不「仍蹈前轍」，就宜「早為計者也」，以便在革命進程中，逐漸形成一種民權日見生長，以致兵權最終不可能壓抑民權的客觀局面。要達此目的，關鍵在於革命之際先定兵權與民權的關係，「使不相侵，而務相維，兵權漲一度，則民權亦漲一度。逮乎事定，兵權以授民權，天下晏如矣」[3]，此即為三年前所說的「約法」。如何約法呢？孫中山設想得比以往更為周全：革命之始，軍政府既掌有兵事專權，又掌握政權，但同時每克定一縣，就要與該縣人民就「軍政府對於人民之權利義務，人民對於軍政府之權利義務」之「犖犖大者」悉為約定，軍政府行使行政權治理地方，而人民則組織地方議會，「監視軍政府之果循約法與否」。如果國民違背約法，則軍政府可以強制；如果軍政府違背約法，則所克定的各縣、各府、各省人民可以一起聯合起來，「不負當

2　《與汪精衛的談話》，《孫中山全集》第一卷，頁289。

3　同上。

履行之義務，而不認軍政府所有之權利」。這樣，到革命成功之時，全國十八省皆有議會，軍政府即使想專權，也「其道無繇」。同時，在革命過程中，國民通過「瘁力於地方自治」，也具備了「共和國民之資格」，一旦制定「根本約法」以作為憲法，則「民權立憲政體有磐石之安，無漂搖之慮矣」。[4]

此次談話也像前引1902年的論述一樣，雖與「革命程序」相關，但其思想性意義顯然大於程序性意義，正是兵權與民權相互制約、避免兵權變質、確保民權最後成功的深刻思想，構成了這一時期「革命程序論」的精髓。

一年之後，孫中山與黃興、章太炎等人一道制定了《中國同盟會革命方略》，在《軍政府宣言》的篇目下，將實現「驅除韃虜，恢復中華，建立民國，平均地權」十六字綱領的「次序」明確分為「軍法之治」、「約法之治」和「憲法之治」等三期，「革命程序論」初步定型，程序的意味變得濃重。對照前述設想，「軍法之治」對革命之始軍政府掌握兵權、政權後應負何責作了具體規定。這就是一要「為人民戮力破敵」；二要「掃除積弊」，如政府之壓制、官吏之貪婪、差役之勒索等政治之害和畜養奴婢、纏足、吸鴉片等風俗之害；三要進行建設，如施教育、修道路、辦實業等。並定每縣以三年為限，其未及三年而已有成效者，亦「皆解軍法，布約法」。「約法之治」雖規定得較為簡略，但完全保留了前述「約法」的精神實質：「每一縣既解軍法之後，軍政府以地方自治權歸之其地之人民，地方議會議員及地方行政官皆由人民選舉。凡軍政府對於人民之權利義務，及人民對於軍政府之權利義務，悉規定於約法，軍政府與地方議會及人民各循守之，有違法者，負其責任。」約法之治的時間則定為「以天下平定後

---

4 同上。

六年為限」。「憲法之治」則對原來只籠統提及的「民權立憲政體」的
內涵作了簡要的解釋。[5]

　　整個來看，《中國同盟會革命方略》中的「革命程序」對原來的
有關設想從形式和內容上都作了一定的調整，使之程序化、具體化了
（主要表現在「軍法之治」的規定上）。從原來的設想為私下談話，
而後來的規定則為軍政府向國民公開發佈的宣言的角度考慮，這種調
整是必要的，也是自然的，並未在兩者之間產生重要的差別。

二

　　重要的差別出現在「革命程序論」的第二階段。在此階段，當孫
中山於《中華革命黨總章》、《建國方略》等檔、著作中多次重提「革
命程序」主張之時，整個時局已發生了許多重大變化。孫中山一度頗
為擔憂的革命可能導致軍政府變為新的專制獨裁者的情形並未出現，
民主政治由軍法之治、約法之治走向憲法之治的預設更是一句空話。
事實是革命在獲得短暫的成功之後，遭到一次又一次重大失敗，革命
勢力不是過於強大，而是形不成堅強有力的隊伍，鬥不過自己的敵
人。這不能不促使孫中山進行深刻的反省，總結革命何以一再失敗的
教訓，重新調整革命方略。受此影響，「革命程序論」雖然三期之說
的基本形式變化不大（軍法之治、約法之治和憲法之治變為軍政、訓
政、憲政三時期），但思想重心卻發生了重要的轉移，其突出的表現
是強調「黨治」和將原來的「約法之治」換成了「訓政」之治。

　　在孫中山手書的《中華革命黨總章》中，「革命程序論」首次與
黨治聯繫起來，規定：「自革命軍起義之日至憲法頒佈之時，名曰革

5　《中國同盟會革命方略》，《孫中山全集》第一卷，頁297-298。

命時期；在此時期之內，一切軍國庶政，悉歸本黨負完全責任，力為其難，為同胞造無窮之幸福。」[6]按此規定，軍政和訓政兩個時期都屬於「革命時期」，在此兩個時期中，一切軍政權力都由黨來掌握。這與第一階段主張「軍法之治」時期「軍隊與人民同受治於軍法之下……地方行政，軍政府總攬之」，「約法之治」時期「軍政府授地方自治權於人民，而自總攬國事」[7]顯然是不同的。黨治原則不僅規定在「革命時期」以黨權代替（軍）政府之權，而且還規定取消此一時期非黨員民眾的公民權：「凡非黨員在革命時期之內，不得有公民資格。必待憲法頒佈之後，始能從憲法而獲得之；憲法頒佈以後，國民一律平等。」[8]這一取消，在很大程度上也就等於取消了這一時期人民的地方自治權利。1919年10月，中華革命黨更名為中國國民黨，在次年發佈的新黨章中，重申了黨治原則，並據此原則將「革命程序」由原來的三期合併為兩期，即「軍政時期」（亦即「革命時期」）和「憲政時期」。新黨章也有修改，這就是刪除了取消「革命時期」非黨員公民權的規定。[9]

所謂「訓政」，也是第一階段「革命程序論」中所沒有的。在《中華革命黨總章》和《中國國民黨總章》中，對「訓政」的規定只有同樣一句話：「以文明治理督率國民建設地方自治。」[10]不過，在其它多種文獻中，孫中山對「訓政」作了頗為詳盡的論述，概括起來，

6　《中華革命黨章程》，《孫中山全集》第三卷（北京市：中華書局，1984年），頁97。下引該書同此版本，不再另注。

7　《中國同盟會革命方略》，《孫中山全集》第一卷，頁297-298。

8　《中華革命黨總章》，《孫中山全集》第三卷，頁98。

9　《中國國民黨總章》，《孫中山全集》第五卷（北京市：中華書局，1985年），第頁401-402。下引該書同此版本，不再另注。

10　《中華革命黨總章》，《孫中山全集》第三卷，頁97；《中國國民黨總章》，《孫中山全集》，第五卷，頁402。

其含義有三：

1. 由黨掌握政治大權，以便用革命手段進行建設。孫中山解釋說，本來「政治主權」是屬於人民的，但由於民國成立後，「一般人民還是不懂共和的真趣」，所以不得不再革命，而革命就是將政治「包攬」在政黨手裏去做；用革命掃除惡劣政治叫做軍政，「還要用革命的手段去建設，所以叫做『訓政』」。[11]這與前述「一切軍國庶政，悉歸本黨負完全責任」、「督率國民建設地方自治」是同一個意思，由此可見，黨治原則亦為「訓政」的政治原則。

2. 由革命黨人像「伊尹訓太甲」一樣教育人民學會自治，使之具有行使民權的資格能力。孫中山認為「訓政」一詞不大好聽，「好像就是帝制時代用的名詞」，於是特別指出「訓政」與帝制實在「絕不相同」，因為在共和國中，「皇帝就是人民」。不過，人民五千年來都被壓做奴隸，一旦被抬起做皇帝，定然不會做，所以革命黨人就應該「教訓」人民，「如伊尹訓太甲樣」；「訓政」的「訓」字，就是來自「伊訓」之「訓」。孫中山還舉出美國林肯放奴，有的奴隸非但不感謝，反而視林肯為仇敵、將其刺殺的例子，菲律賓的自治亦由美國人「訓政」的例子，說明人民由專制積威造成的奴隸性實在不容易改變，不曉得自己做主人，因此別無他法，只好「用些強迫的手段，迫著他來做主人，教他練習練習。[12]對人民需要由革命黨人進行強制性訓導的思想，孫中山在《建國方略》一書中作了更為具體的闡發，尤為強調中國人民因久處於專制之下，「奴性已深，牢不可破」，其知識

---

11 《在上海中國國民黨本部會議的演說》，《孫中山全集》第五卷，頁400。

12 《在上海中國國民黨本部會議的演說》，《孫中山全集》第五卷，頁400-401。伊尹，商初大臣。太甲，商代國君。太甲即位後，因不遵守商湯之法，不理國政，被伊尹放逐。三年後太甲悔過，又被接回覆位。另一說是太甲即位之時，伊尹篡位自立，放逐太甲。七年後太甲潛回將伊尹殺死（見《辭海》，頁269、776）。

程度比美國黑奴及外來人民還要「尤為低下」，因此，必須經過「訓政」時期，由「先知先覺之革命政府以教之」；書中比喻道，作為民國主人的人民，「實等於初生之嬰兒耳，革命黨者即產此嬰兒之母也。即產之矣，則當保養之，教育之，方盡革命之責也。此革命方略之所以有訓政時期者，為保養、教育此主人成年而後還之政也」。[13]

此項含義，可視為「訓政」的思想理論基礎。

3. 逐步建成完全的地方自治，以作為最終實行憲政的基礎。這是「訓政」所要落到實處的基本目標。按照孫中山的設想，「訓政」時期由黨包攬政治大權也好，由革命黨人強制訓導人民也好，其目的都是為了完成地方自治建設的任務。在《中華革命黨總章》和《中國國民黨總章》中，都明確規定「訓政」就是要「建設地方自治」。[14]在《建國方略》中，孫中山提出「革命之建設」的概念，其主要含義，就是指「訓政」時期地方自治的建設（另一含義則是指「憲政時期」在已實現地方自治的基礎上，繼續完成憲政建設的任務[15]）。他對「革命之建設」極為看重，稱之為「非常之建設」、「速成之建設」，強調革命既然有非常之破壞，就不可沒有非常之建設，「是革命之破壞與革命之建設必相輔而行，猶人之兩足、鳥之雙翼也」；民國成立以來由於只有非常之破壞而沒有非常之建設，所以「禍亂相尋，江流日下，武人專橫，政客搗亂，而無法收拾」，而實施革命方略的必要性，就是建立在進行「非常之建設」的必要性之上的。他還以美、法為例，指出美國之所以革命後能長治久安，就是因為地方自治建設得好，「其未獨立以前，十三州已各自為政，而地方自治已極發達，故

---

13 《建國方略》，《孫中山全集》第六卷，頁209-211。

14 《中華革命黨總章》，《孫中山全集》第三卷，頁97；《中國國民黨總章》，《孫中山全集》第五卷，頁402。

15 參見《建國方略》，《孫中山全集》第六卷，頁205。

其立國之後，政治蒸蒸日上，以其政治之基礎全恃地方自治之發達也」，而法國之所以革命後大亂屢起，就是因為沒有地方自治作為基礎，「以彼之國體向為君主專制，而其政治向為中央集權，無新天地為之地盤，無自治為之基礎也」；中國的缺陷與法國相同，而人民的知識和政治能力遠不如法國，所以更需要「訓導人民，實行地方自治」。[16]那麼，怎樣建設完全的地方自治呢？《建國方略》中亦作了明確的規定。首先，要創造實行地方自治的前提條件。在此方面，除了提出與第一階段相同的有關要求（如掃除積弊，辦就員警、衛生、教育、道路等事）外，還增加了兩項新內容：一是一縣之內，要有「過半數人民能瞭解三民主義而歸順民國者」；二是完成人口清查和戶籍釐定工作。符合這些條件後，即可「自選其縣官，而成完全之自治團體」。其次，要保證自治團體所享有的民主權利。這種權利亦比上一階段有新的增補，原來的「制定憲法」補充為「制定五權憲法」，並增加了在憲政時期可「實行直接民權」即「人民對於本縣之政治，當有普通選舉之權、創制之權、復決之權、罷官之權，而對於一國政治除選舉權之外，其餘之同等權利則付託於國民大會之代表以行之」[17]這項新內容。

　　以上差別，一方面表明孫中山在歷經艱難和充滿挫折的鬥爭實踐中，深化了對「革命程序」的認識，意識到要完成建立真正的民主共和國的革命任務，就必須充分發揮革命政黨的領導核心作用，必須盡力幫助民眾增強民權觀念、培養政治活動能力，還必須把革命之破壞與革命之建設緊密結合起來，以全面奠定民主政治的基礎。這些都是有重要實際意義的。但另一方面，這些差別也使「革命程序論」顯露

---

16 《孫中山全集》第六卷，頁207-208。

17 同上書，頁205。

出比較嚴重的片面性。黨治原則把政黨的權力絕對化，在一定程度上
導致了對民眾應有基本權力的壓抑和傷害；「訓政」思想中對民眾政
治覺悟和政治能力程度的估計相當不足，而關於革命黨人與民眾之間
存在類似母與嬰、伊尹與太甲關係的說法等，更帶有根本性的偏差。

三

　　當「革命程序論」的演變進入第三階段之時，中國民主革命的形
勢又發生了很大的變化，經歷著重大的歷史轉變。對於孫中山來說，
最有意義的大事就是在共產國際、社會主義蘇俄和中國共產黨人的幫
助之下，決心改組國民黨，實行國共合作，並於1924年1月成功地主
持召開了中國國民黨第一次全國代表大會。孫中山的舊三民主義開始
向新三民主義轉變。在此情況下，革命程序論第二階段存在的嚴重片
面性得到顯著的克服，在某種程度上甚至可以說，孫中山在重新解釋
三民主義的同時，也重新審視和最後改定了「革命程序論」。

　　根據《國民政府建國大綱》，這一階段「革命程序論」與上一階
段的不同主要表現在以下幾個方面。

　　1. 改變了政黨在軍政和訓政時期包攬一切軍政大權的提法，而
代之以由政府及國民代表會共同行使權力。在軍政時期，「一切制度
悉隸於軍政之下」；軍政停止後，在由政府主持完成「訓政」各項工
作的同時，凡成立了地方自治政府的縣「得選國民代表一員，以組織
代表會，參預中央政事」，並進而劃定中央政府與地方政府各自的許
可權。

　　2. 削減了「訓政」的強制性色彩，加快了民眾行使直接民權的
進程。雖仍然規定「對於人民之政治知識能力，政府當訓導之」，但
具體做法是「在訓政時期，政府當派曾經訓練考試合格之員，到各縣

協助人民籌備自治」，這說明已注意到民眾在訓政時期應有的主體地位和作用，以往過低估計人民覺悟和能力的傾向有所改變；一旦籌備完畢，程度合格，成為完全自治之縣，民眾就可以行使直接選舉官員、直接罷免官員、直接創製法律、直接復決法律等四項權力，而不必像原來規定的要等到憲政時期。

3. 進一步完善了關於建設完全地方自治的構想。一方面，對一縣成為「完全自治之縣」之前需具備的條件作了更具體的規定，要求「全縣人口調查清楚，全縣土地測量完竣，全縣警衛辦理妥善，四境縱橫之道路修築成功，而其人民曾受四權使用之訓練，而完畢其國民之義務，誓行革命之主義」，然後可以選舉縣官和議員，成為完全自治之縣。另一方面，增加了完全自治之縣應實行的經濟政策、與中央政府的經濟關係等新的規定：（1）每縣在開創自治之時，必須在土地制度方面實行民生主義的核定地價、照價徵稅和收買增價歸公的政策；（2）各項公共收益（如公地之生產、山林川澤之息、礦產水力之利）皆為地方政府所有，用於經營地方人民事業及各種公共之需；（3）各縣開發天然資源及興辦大規模工商事業由於資金有限而需引入外資經營者，應由中央政府協助，而所獲純利中央與地方政府各占其半；（4）各縣歲收上交中央政府的比例每年由國民代表定之，最低不少於 10%，最多不超過 50%。這些新規定充分體現了「建設之首要在民生」、政府應努力滿足「全國人民之食衣住行四大需要」這一更加貼近民眾切身利益的建國基本原則。

4. 對軍政、訓政、憲政三時期的實施方案作了幾項重要調整。一是取消了以往關於軍政三年、訓政六年的規定。二是將過去以縣作為劃分三時期的基本單位改為以省作為基本單位，規定「凡一省完全底定之日，則為訓政開始之時，而軍政停止之日」，「凡一省全數之縣皆達完全自治者，則為憲政開始時期」。三是將憲政時期進一步分為

「憲政開始時期」和「憲政告成」時期。前一時期由國民代表會選舉
省長監督本省自治,並在中央與縣之間進行「聯絡」,中央與省的許
可權採取「均權制度」,中央則實行五院之治,由立法院著手議訂憲
法草案;後一時期,當「全國有過半數省份達至憲政開始時期」時,
則開國民大會,決定並頒佈憲法,將中央統治權交歸國民大會行使,
依憲法舉行全國大選,產生民選政府以代替國民政府,「是為建國之
大功告成」。[18]

　　應該說,第三階段最後定型的「革命程序論」不僅在較大程度上
糾正了以往過分強調「黨治」和「訓政」的偏頗,縮小了民權主義與
民眾之間的距離,而且增添了新的政治思想內涵,使民權主義與民生
主義第一次在「革命程序論」中緊密結合在一起,有關「革命程序」
施行的各項具體規定也全面趨於成熟。它既是孫中山「革命程序」思
想在新的歷史階段的重要發展,又是對此思想長期演變作出的一個系
統總結。

　　但與此同時,「革命程序論」一直都具有的理想化色彩依然存
在,甚至變得更為濃厚。建成完全的民主國家必須依次經過軍政、訓
政、憲政三個時期,必須以高度的地方自治建設作為基礎,這本來就
是一種偏重於理想性的設計。而在《國民政府建國大綱》中,孫中山
對各個時期的轉換,特別是從「訓政」到「憲政」的轉換,又規定了
近乎完美無缺因而在實際上很難達到的條件(如一縣成為「完全自治
之縣」之前需達到的種種程度,一省只有全數之縣皆能完全自治後才
能進入憲政時期,全國只有過半數省份進入憲政時期後才能召開國民
大會決定憲法、成立民選政府,等等)。如果照此辦事,除軍政時期

18　《國民政府建國大綱》,《孫中山全集》第九卷(北京市:中華書局,1986年),頁
　　126-129。下引該書同此版本,不再另注。

可能較為短暫外，全國範圍內的「訓政」將會持續一個相當長的時期，而召開國民大會、頒佈憲法、成立民選政府等這些最重要的民權標誌的確立，必將遙遙無期。由於「訓政」始終以非民選的「國民政府」作為主導，以政府「訓導」人民作為基本模式，因此，在「革命程序」實施的過程中，就全國而言，民眾政治主張的表達、政治力量的體現、政治作用的發揮等，都將是非常有限的。從這種理想化的特徵中，既可以看到孫中山畢生真誠而執著的民主追求，也不難發現其領導的資產階級民主革命所存在的明顯弱點。

四

有種觀點認為，孫中山在其晚年放棄了「革命程序論」。[19]這是值得商榷的。

首先，民主革命任務必須經過一定的程序才能完成，是孫中山一貫堅持的根本性主張，不大可能輕言放棄。

如前所析，在二十多年時間裏，孫中山的「革命程序論」雖因時勢的變化而呈現出不同的發展階段，各階段之間存在著明顯的甚至是深刻的差異，但就完全的民主不能一蹴而就、必經特定的過渡時期才能實現這一內核而言，各個階段都是一致的，並且越到後來，程序的界定越明確，完成程序的要求越完備。之所以如此，是因為「革命程序論」的基本內容，如成立革命政府，用武力掃除民主政治的障礙，以三民主義統一全國，逐步建設完全而普遍的縣級地方自治以奠定民主政治的牢固基礎，通過革命政府的「訓導」而使廣大民眾學會運用

---

19 張磊：《孫中山思想研究》（北京市：中華書局，1981年），頁99；張磊：《孫中山評傳》（廣州市：廣州出版社，2000年），頁268。

「直接民權」等權利，中央政府確定「五權分立」的格局然後最終交權給民選政府，等等，都是孫中山民主政治思想中根本性的重要理念。所謂「革命程序」，不過是實現這些理念的一種表達形式。除非這些長期堅信的理念發生了很大的動搖，否則孫中山是不會輕易放棄「革命程序論」的。

其次，從其晚年的實際言行看，孫中山並未放棄「革命程序」的主張。

按照一般算法，應該說當1924年手訂《國民政府建國大綱》之時，孫中山就已經步入其晚年。而正是在此大綱中，孫中山對「革命程序論」進行了最後的修訂和完善，並且直至逝世，對此文獻都極為重視。還在國民黨「一大」召開之前，孫中山就將其親筆擬訂的《建國大綱》給出席此會的代表李大釗、張國燾等十幾人傳觀，徵求意見。[20]在「一大」會議上，《建國大綱》被宣讀[21]，而孫中山還主張將其付諸表決[22]，甚至有過用《建國大綱》來取代「一大」宣言草案的想法[23]。「一大」之後，孫中山改定《建國大綱》，並正式在報紙上公開發表；不久又親筆謄寫，予以印布。是年9月，孫中山第四次發動北伐，發表《制定〈建國大綱〉宣言》，重申欲實行三民主義，完成革命任務，必須按國政、訓政、憲政三時期「循序漸進」。認為自辛亥革命至今，三民主義之所以未能實行，就是因為破壞之後，沒有依照「預定之程序」辦事，「蓋不經軍政時代，則反革命之勢力無繇掃蕩。而革命之主義亦無由宣傳於群眾，以得其同情與信仰。不經訓政時代，則大多數之人民久經束縛，雖驟被解放，初不了知其活動之方

---

20 陳錫祺主編：《孫中山年譜長編》下冊，頁1792。
21 據鮑羅廷的筆記，轉引自陳錫祺主編：《孫中山年譜長編》下冊，頁1813。
22 陳錫祺主編：《關於組織國民政府案之說明》，《孫中山全集》第九卷，頁103。
23 陳錫祺主編：《孫中山年譜長編》下冊，頁1812-1813。

式，非墨守其放棄責任之故習，即為人利用陷於反革命而不自知」，因此，今後之革命「不但當用力於破壞，尤當用力於建設，且當規定其不可逾越之程序」。只要革命依「建國大綱」而行，則「軍政時代已能肅清反側，訓政時代已能扶植民治。……由此以至憲政時期，所歷者皆為坦途，無顛躓之慮」。文中鄭重宣佈：「今後革命勢力所及之地，凡秉承本政府之號令者，即當以實行建國大綱為惟一之職任。」[24]對「革命程序」不僅見不到任何放棄之意，而且強調必須實行沒有絲毫含糊之處。在北京政變後應馮玉祥等人之邀北上的途中，孫中山曾將手書的「建國大綱」派李烈鈞送交段祺瑞，以表政見。直至孫中山臨終簽署的《國事遺囑》中，「建國大綱」仍被列為要求革命先生「繼續努力，以求貫徹」的四種重要文獻之一。[25]大量史實表明，孫中山晚年對「革命程序論」的堅守一如既往，未曾動搖。

第三，北京政變後孫中山力主立即召開國民會議共商國是，並不意味著對「革命程序論」的放棄。1924年10月發生的北京政變，是掌握中央政權的直系軍閥內部的一次重大裂變，它直接導致了賄選總統曹錕的垮臺和最有權勢的軍閥頭目吳佩孚的敗逃。同時，在相當程度上，它又是孫中山民主革命思想發生影響的結果，政變領導人馮玉祥等不僅政變前就與孫中山領導的國民黨有著多方聯繫，而且政變後迅即邀請孫中山北上主持大計。對於孫中山來說，這無疑提供了一次未曾料到的重要歷史機遇。正是在此背景下，孫中山改變了北伐的既定方針，而作出了北上宣傳民主革命主張，促成召開國民會議的重大決定。召開國民會議與實行「革命程序」有兩點重要的差別：一是前者

---

24 《孫中山全集》第十一卷（北京市：中華書局，1986年），頁102-104。下引該書同此版本，不再另注。

25 同上書，頁640。四種重要文獻依次是《建國方略》、《建國大綱》、《三民主義》及國民黨《第一次全國代表大會宣言》。

為「和平統一」，而後者為武裝革命；二是前者為直接依靠國民的力量在中央推進民主進程，而後者為主要運用革命政府的力量在地方奠定民主的基礎。應該說，這是兩種很不相同、不可兼行的方略，孫中山之所以在講到中國要立即召開國民會議時，就沒有講軍政、訓政、憲政三時期毛澤東曾指出：「軍政、訓政、憲政三個時期的劃分，原是孫中山先生說的。但孫先生在逝世前的《北上宣言》裏，就沒有講三個時期了，那裏講到中國要立即召開國民會議。」〔《和中央社、掃蕩報、新民報三記者的談話》，《毛澤東選集》（一卷本），人民出版社1964年版，第551頁〕，其原因就在這裏。

但這種改變並不等於說，孫中山就放棄了「革命程序論」。力主召開國民會議表明孫中山想極力抓住難逢的歷史機遇，但究竟能否抓得住，他其實並不能肯定。他不但屢言北上入京的「異常危險」參見《與蔣中正的談話》，《孫中山全集》第十一卷，第312頁；《在上海招待新聞記者的演說》，《孫中山全集》第十一卷，第341頁，且明確表示國民會議「能不能馬上開得成，此刻固然沒有把握」，「國民會議開得成，中國便可以和平統一，大家便可以得太平幸福；國民會議開不成，中國便還要大亂不已，大家便還要受兵災的禍害」《在神戶歡迎會的演說》，《孫中山全集》第十一卷，第387、389頁。換言之，如果開不成國民會議，就只有再走武裝革命的道路，三個時期也依然將是應該遵循的「革命程序」。可見，力倡召開國民會議而不談「革命程序」，主要還是在當時特定歷史條件下因時應變、因勢利導的策略性轉換，而不是對「革命程序論」否定性的放棄。

當然，還應看到，孫中山力主召開國民會議，也是他對國民與革命之關係的認識正在發生深刻轉變的重要表徵（這從孫中山北上時期發表的許多言論中可以看得很清楚）。這種轉變雖然沒有導致孫中山放棄「革命程序論」，但它與「革命程序論」的差異是顯而易見的，

這表明此時孫中山的「革命程序」主張末在文字而是在思想實際上再次發生了更新。

後記

　　大約是因為在廣州讀書和教書的緣故，我多年來所作的研究大都與嶺南文化有密切關係。本書所論，就是這些研究心得的彙聚。史海浩瀚，本人為膽識和能力所限，不敢隨風弄潮，只能旁觀叫好，退而躲在僻靜的角落拾幾顆貝殼。雖有尋找真與美的用心，但畢竟所得甚少，實有抱愧。回顧走過的歷程，首先，我要感謝的是我的導師何若鈞先生。我是七七級本科生，畢業前出於一些偶然的念頭而臨時決定報考研究生，有幸被華南師院錄取，拜於先生門下。從師三載，先生給了我許多指導和教誨，使我得以進入學術之門，也得以學會如何保持一顆進取而又淡泊之心。先生已過世三年，當此執筆之時，我尤為懷念那些有先生耳提面命、弟子如沐春風的日子。其次，我還要感謝在我治學過程中，以各種方式給我以說明的師友。其中特別要提到的是北京大學的房德鄰教授。二十多年前我因作碩士論文去北京訪學，房老師不僅熱情指教，而且將他手抄的厚厚一疊珍貴的檔案資料卡片借給我用，對我當時寫論文和後來作研究，都起了很大的促進作用。其情其景，今天仍歷歷在目。我發表文章後，房老師又撰文糾正我的錯漏，使我再有進步。儘管我在某些學術觀點上與房老師有差距，本書中也保留了某些商榷的意見，但與其說是一種爭鳴，不如視為我在親切待我的老師面前的一種放言無忌。此外，我要感謝的人還很多，雖難以一一列出，但內心對他們的感激是永存的。本書得以出版，華南師範大學嶺南文化研究中心的左鵬軍教授費心甚多；中山大學出版

社的嵇春霞編輯對拙著把關甚嚴，技術加工甚為精細。對此，本人同樣要表示深切的謝意。

宋德華二〇〇七年十月十日

地域文化研究叢書·嶺南文化叢刊 A0203009

嶺南人物與近代思潮　　下冊

作　　者	宋德華
責任編輯	蔡雅如

發 行 人	陳滿銘
總 經 理	梁錦興
總 編 輯	陳滿銘
副總編輯	張晏瑞
編 輯 所	萬卷樓圖書股份有限公司
排　　版	林曉敏
印　　刷	百通科技股份有限公司
封面設計	菩薩蠻數位文化有限公司

出　　版　昌明文化有限公司
桃園市龜山區中原街 32 號
電話　(02)23216565
發　　行　萬卷樓圖書股份有限公司
臺北市羅斯福路二段 41 號 6 樓之 3
電話　(02)23216565
傳真　(02)23218698
電郵　SERVICE@WANJUAN.COM.TW
大陸經銷
廈門外圖臺灣書店有限公司
　　電郵　JKB188@188.COM

ISBN 978-986-496-021-7
2017 年 7 月初版
定價：新臺幣 300 元

如何購買本書：

1. 劃撥購書，請透過以下郵政劃撥帳號：
　　帳號：15624015
　　戶名：萬卷樓圖書股份有限公司
2. 轉帳購書，請透過以下帳戶
　　合作金庫銀行　古亭分行
　　戶名：萬卷樓圖書股份有限公司
　　帳號：0877717092596
3. 網路購書，請透過萬卷樓網站
　　網址 WWW.WANJUAN.COM.TW

大量購書，請直接聯繫我們，將有專人為您
服務。客服：(02)23216565 分機 10

如有缺頁、破損或裝訂錯誤，請寄回更換

國家圖書館出版品預行編目資料

嶺南人物與近代思潮 / 宋德華著. -- 初版. --
桃園市：昌明文化出版；臺北市：萬卷樓
發行, 2017.07　冊；　　公分. -- (地域文化研究
叢書. 嶺南文化叢刊)
ISBN 978-986-496-021-7(下冊：平裝)
1.政治思想史 2.中國政治思想
570.92　　　　　　　　　　　　106011192